U0921735

基金项目：

本书为陕西理工大学校级项目“徐复观史学研究”（SLGQD－01）的结项成果。

徐复观史学思想研究

邵华◎著

四川民族出版社

图书在版编目（CIP）数据

徐复观史学思想研究 / 邵华著. -- 成都：四川民族出版社，2022.1

ISBN 978-7-5733-0372-1

Ⅰ. ①徐… Ⅱ. ①邵… Ⅲ. ①徐复观（1903~1982）-史学思想-研究 Ⅳ. ①K092.6

中国版本图书馆 CIP 数据核字（2022）第 021788 号

徐复观史学思想研究
XU FUGUAN SHIXUE SIXIANG YANJIU

邵华 著

出 版 人　泽仁扎西
责任编辑　李　霞
责任校对　石峰波
责任印制　温祥宇
出版发行　四川民族出版社
（四川省成都市青羊区敬业路 108 号）
成品尺寸　170mm×240mm
印　　张　15.25
字　　数　200 千
印　　刷　北京荣泰印刷有限公司
版　　次　2022 年 1 月第 1 版
印　　次　2022 年 1 月第 1 次印刷
书　　号　ISBN 978-7-5733-0372-1
定　　价　62.00 元
本书如有破损、缺页、装订等问题，请拨打电话（028）8064 0452，以便及时调换。

目　录

CONTENTS

第一章　导论

第一节　研究缘起

儒学与时代的关系是一个值得恒久思考的主题。孔门之学，历经两千多年之延绵勃发，其中的经典——经学，多是“学随术变”①，随着时代主题的不断变化，内涵的诠释不断丰富及深化。以经学文本为载体的儒家学说，成为中国传统社会形塑中国人道德伦理准则、社会政治原则的一整套价值系统。然至近代，于传统内求变的儒学思想资源在致用层面渐显其应对时势危局之“无用”，复因汹涌西潮席卷，传统价值系统崩塌，国人思虑遂陷入茫然无序的意义危机当中。②“儒学由原来的主流文化形态一变而为列散的、漂浮的文化碎片，并极度的边缘化和沉隐化……由原来内在的自我身份认同变成了客观描述与

① 朱维铮：《中国经学史十讲》，上海：复旦大学出版社，2008 年，第 15 页。

② 依张灏的看法，传统儒学价值之崩塌，使整个中国陷入“道德迷失”“存在迷失”“形上迷失”的“意义危机”之中。新儒家思潮之兴起，可从此“意义危机”中寻出时代根由。可参阅张灏：《张灏自选集》，上海：上海教育出版社，2002 年，第 82—104 页。

研究，儒学的神圣性不复存在，反倒时时成为检讨批判的对象。”① 这样天翻地覆的认知转变，使我们不得不思考一个问题：传统儒学该向何处去？

纵观整个20世纪有关中国传统文化的思想论争，可以毫不夸张地说，都与传统儒学有着千丝万缕的联系。无论是以除旧布新的立场批判和否定传统文化，还是基于温故知新的立场认同传统文化，个人或群体所言之传统面相并非相像，有时激烈争论的背后，不仅是立足点不同，还有处理问题的方法和思想观点的诠释路径不同。情绪化的文字比比皆是，时代危机带来的压迫感使时人对传统儒学的评判与民族救亡、国家富强等时代诉求复杂地缠绕在一起。正如罗志田所言：“当许多人说到‘学’的时候，其实考虑的、关注的又绝非仅仅是学术，而是更为广阔的国家民族存亡和发展的大问题。”②

作为20世纪颇具影响力的一股文化思潮——新儒学③研究即在此时代背景下应运而生。对于持守文化卫道立场的新儒家群体而言，如

---

① 景海峰：《新儒学与二十世纪中国思想》，郑州：中州古籍出版社，2005年，第16页。

② 罗志田：《裂变中的传承：20世纪前期的中国文化与学术》，北京：中华书局，2003年，第323页。

③ 何谓新儒家？如何界定新儒家群体的标准、范围？学者们看法不一，其中，方克立对此问题论之甚详。可参阅方克立：《关于现代新儒家研究的几个问题》，载方克立、李锦全主编：《现代新儒学研究论集》（一），北京：中国社会科学出版社，1989年，第1—14页。

何返本开新[①]，“以民族精神为体，以西洋文化为用”，“对儒家思想加以善意同情的理解，得其真精神与真意义所在”[②]，重建具有民族性的现代文化统系，融入世界新潮流，是必须面对的时代课题。新儒家学人的学术研究，即围绕此时代课题，以确认传统文化本位价值立场为先导，体认传统文化为一“活”的生命存在，以迥异于新派学人的反实证的思考模式，探求研究对象内存的意义，待传统文化以温情敬意的态度，试图重建具有现代意义的文化价值系统。此种对传统文化带有温情敬意的诠释路数，使其在探求传统文化未来可能的走向方面，显现出与新派学人不同的评判态度，引人深思。深思之处是：新儒家学人倾注其毕生之力所完成的宏富著述，对传统文化的思考与时代之变融为一体的关怀思虑，到底能带给我们什么启示？相对新派学人，持卫道立场的新儒家学人的学术研究，可取之处到底在哪里？

笔者带着对以上问题的思考，对新儒家群体著作进行研读，审视新儒家诸巨子所留下的丰厚的思想遗产。徐复观以其特殊的徘徊于学术与政治之间的“两栖”经历和游弋于义理与考据之间特殊的治学路向，引起了笔者极大的兴趣。

① 新儒家群体常将“返本开新”作为其文化志业与时代使命。何谓“返本开新”？王邦雄定义曰：“返本者，返儒学之本，对自家文化能自作主宰；开新者，开民三科学之新，使西学中国化而为中国所用。”见王邦雄：《当代新儒家面对的问题及其开展》，载封祖盛编：《当代新儒家》，北京：生活·读书·新知三联书店，1989年，第196页。

② 贺麟：《文化与人生》，上海：上海人民出版社，2011年，第22页。

第二节　研究目的与意义

一、研究目的

齐思和在谈及历史研究的选题时说："学者成绩之大小，大半系乎其所择之问题，是否妥当。"① 徐复观的学术研究涉及面较广且内容较杂，如何从中选取适合自己的研究主题呢？严耕望在论及史学家如何选取研究主题时强调，青年应"小题大做"，因此时学力尚浅，但精力充沛，小问题牵扯范围较小，容易控制，不容易出大毛病，应以全副精神去大作特作。另外，应考虑自己的能力及材料情况②。结合其论述，从基本材料的掌握、自我知识结构、研究现状等方面来考量后，笔者最终决定将徐复观的史学思想作为研究对象。

徐复观以《民主评论》和《华侨日报》为"发言平台"，发表过许多论学之作，在20世纪后半叶的港台思想界颇具影响力。徐复观毕其后半生之精力，思考中国传统文化现代重建转型问题，其人其学为港台新儒家群体与学说不容忽视的一部分，在20世纪下半叶的学术思想史上有一席之地。厘清其人其学概貌，评述其在史学研究方面的成就和贡

---

① 齐思和：《齐思和史学概论讲义》，天津：天津古籍出版社，2007年，第119页。

② 严耕望：《治史三书》，沈阳：辽宁教育出版社，1998年，第53页。

献是笔者写作此书的目的。

二、研究意义

徐复观治学领域宽泛，研究内容涉及文学史、艺术史、思想史等多个方面，可谓是身兼通识之格局与专家之专学的一位学者。本书主要探讨其史学思想方面的创获，以见其“返本”与“开新”的成就之所在。持守文化本位研究立场的徐复观，大体研究态度、倾向与其他新儒家学人相较，似并无二致。然细究徐复观诠释传统文化的路数及其在文学、思想史方面的见解，可发现与唐君毅、牟宗三等人有所不同。梳理徐复观从思想史视角探讨传统文化问题的学术成果，把握其人其学特殊的风骨个性及关于传统重建的言论，有助于我们了解新儒家群体内部思想取径相通但表现呈现较大差异的地方，亦可深化和丰富我们对文化保守主义群体思想价值的认知。

在分科治学思维方式影响无处不在的当下，如何使传统保留精髓又兼具现代性，是百余年来中国人一直探讨的大问题。思考与处理传统与现代之间的关系，不仅仅是学理转化面临的难题，而且掺杂着民族情感纠葛等因素。我们审视新儒家学人对此问题的解答，从徐复观的研读切入，是一个较佳的突破口。

笔者期望通过对徐复观著作的研读，旁涉熊十力、唐君毅、牟宗三等新儒家学人的著述，探讨徐复观在中西、古今、新旧多歧互渗的时代语境中重建儒学的学思历程；了解徐复观寻求民族文化前途的诉求；考察徐复观是如何带着对时代变局之问，满怀“感愤之心”，在情与理的纠葛中，“赋古典以新意”的研究特色、价值、宗旨，等等。

第三节　相关研究回顾

1982 年徐复观去世，至今已近 40 年。这些年来，海峡两岸对徐复观学术思想的总结回顾与研究，有四次会议的成果值得关注。

1992 年 6 月，台湾东海大学举办了“徐复观学术思想国际研讨会”。此次会议结束后，主办方整理出版了《徐复观学术思想国际学术研讨会论文集》一书，收录了 26 篇文章，几乎涉及徐复观学术思想各个层面。然而此次会议，只可谓研究展开之起步。

1995 年 8 月，由武汉大学与台湾东海大学联合举办的“徐复观与现代新儒学发展学术讨论会”在武汉召开。此次会议参加者甚众，徐复观的亲友故旧、门生及海内外学者共 50 余位列席参会。论文被李维武先生编成《徐复观与中国文化》一书，由湖北人民出版社出版。李维武谈及此次研讨会时说：“这次会议收到海内外学者提交的 30 余篇学术论文。这些内容对徐复观的人格特征、学术思想与研究方法，对徐复观学术成就的文化氛围、地理环境与时代意义，对徐复观在 20 世纪中国现代儒学发展中的位置、作用与影响，都展开了较为深入的探讨，集中代表了当前徐复观思想研究的新成果新水平。”① 此后，大陆学界对徐复观学术思想的研究，参与者愈多，研究面较广，诸多学术问题探讨的角

① 李维武编：《徐复观与中国文化》，武汉：湖北人民出版社，1997 年，第 2 页。

度新颖，相关著述不乏创获新见。

2003 年 12 月，时逢徐复观一百周年诞辰，武汉大学组织举办了“徐复观与 20 世纪儒学发展”海峡两岸学术研讨会。此次会议盛况空前，共有 80 余人参会，收到文章 60 余篇。徐复观的文学艺术思想成为此次会议的热点议题。可惜此次会议的论文并未结集出版，是为一大遗憾。

2009 年 12 月，台湾大学组织举办了“徐复观学术思想中的传统与现代”国际学术研讨会。此次会议共收论文 20 余篇，对徐复观文艺美学思想层面进行探讨的较多。

综观四次学术会议的议题及期刊所载文章，对徐复观学术思想的研究大体分为以下四个方面——对其思想史诠释理路、治学态度与方法的评价，文化哲学思想的研究，政治思想的诠释，文艺美学思想的广泛论及。具体为：

徐复观诠释儒学文献的理路，是学界关注的重要面相之一。黄俊杰认为徐复观根植于“忧患意识”，其诠释传统儒学思想的主要特质为“脉络化”，有两个层级：一是以古释古，在当时历史情境下评价古人思想的价值；二是以今释古，赋古典以“新义”。“脉络化”的解读路径，对后来的研究不乏启示。[①] 刘毅青的《徐复观解释学思想研究》是近年来学界少有的对徐复观解释学理论进行系统研究的著作，其对徐复观解释学思想的把握，放置在整个中国学术近代转型和中西思想比较的背景

① 黄俊杰：《东亚儒学视域中的徐复观及其思想》，上海：华东师范大学出版社，2012 年。

下来进行，认为“追体验”是徐复观解释学的核心要义所在。① 陈少明认为，徐复观思想性格与其治学风格、取径有内在的联系。徐复观精神上面临时代、政治、学风的压力，具有“反乾嘉”的情结，治学理路与现代新儒家群体“形而上”的治学理路不同，其治学充满了现实批判的色彩，其治学取径与柏林的观念史研究思路具有某种程度的契合。这些对后学颇有正面启示。②

具体探讨徐复观治学态度与方法的文章，多以述学为主。蒋连华的《学术与政治：徐复观思想研究》一书分为上、下两编：上编紧扣20世纪中国社会文化思想的大背景，将徐复观生平及其办刊之志业一一梳理；下编探讨徐复观思想史研究的理论、方法，线索清晰，然对方法学的得失评判未多言及。③ 李维武的文章对徐复观在考据与义理、中学与西学之间“现代疏释”古典的基本态度、方法有所阐述，也对“追体验”的方法有所述及，最后还对徐复观诠释古典的限度提出了反思。④ 邵华认为，徐复观在中西文化冲突激烈的时代对思想史的诠释采用的是“以中释中”和“以古释古”的理路，但能以更“居今识古”的积极态度，去回应和思考西方文化与传统文化融合的路子。⑤

对徐复观文化哲学理念的探讨，学界关注颇多。李维武指出，徐复

① 刘毅青：《徐复观解释学思想研究》，北京：人民出版社，2014 年。

② 陈少明：《为什么是思想史？——徐复观的思想性格与学问取径》，《华南师范大学学报》（社会科学版），2013 年第 5 期。

③ 蒋连华：《学术与政治：徐复观思想研究》，上海：上海三联书店，2006 年。

④ 李维武：《徐复观研究中国思想史的基本方法》，杨国荣主编：《思想与文化》（第六辑），上海：华东师范大学出版社，2007 年，第 31—60 页。

⑤ 邵华：《简论徐复观思想史诠释方法》，《齐鲁学刊》，2013 年第 5 期。

观立足“心”所阐释的文化理念，形成了颇具特色的“现代疏释”的方法学，在反思传统文化道德、艺术、史学等不同层面的精神价值的过程中形成的思考理路值得关注。[①] 李翔海的文章对徐复观的中西文化观有详细述评，认为从徐复观分中西文化为“仁性”和“智性”可以看出，他以平等、开放的心态去看待中西文化。[②] 盛珂将徐复观诠释《中庸》之理路与钱穆、牟宗三等人做了比较，发现《中庸》诠释争论是由阐释者理论立场不同、阐释方向有差异造成的。[③] 邵华、陈勇梳理了钱穆、徐复观、唐君毅三人诠释《中庸》诠释的不同学术观点，发现钱穆、唐君毅都主张《中庸》成书晚于孟子、荀子之说，徐复观则坚持早于孟子、荀子。徐复观、唐君毅二人都主张诠释《中庸》以心学路向为宗，但徐复观又消解形而上学。徐复观、唐君毅都反对钱穆以道家思想汇通《中庸》的思路，并对钱穆的考证方法提出批评。争论虽未形成共识，却显现出港台新儒家群体在经典诠释上有所不同。[④]

对徐复观政治思想进行深入挖掘，也是探讨其学术思想的议题之一。任剑涛对钱穆与徐复观的文化卫道立场和政治抉择分歧进行了比较研究，发现徐复观为局部保守主义，钱穆为彻底保守主义，他认为钱穆

---

① 李维武：《国族无穷愿无极，江山辽阔立多时——徐复观的文化哲学与人文世界》，载李维武编：《徐复观与中国文化》，第37—90页。

② 李翔海：《徐复观中西文化观述评》，载李维武编：《徐复观与中国文化》，第138—157页。

③ 盛珂：《〈中庸〉对于儒学阐释的意义——由〈中庸〉地位问题的争论看当代新儒家的儒学阐释》，《文史哲》，2009年第5期。

④ 邵华、陈勇：《港台新儒家的〈中庸〉考释之辩——以钱穆、徐复观、唐君毅的相关争论为例》，《河南师范大学学报》（哲学社会科学版），2018年第2期。

不属于新儒家阵营。① 孙阳阳认为，徐复观政治思想的基础是忧患意识与根源意识。徐复观未能挣脱“内圣外王”的窠臼，因此其思想充满内在矛盾。②

对徐复观文学艺术思想的研究，为认知其整体思想的一个重要部分，诠释其美学、艺术精神也是学界近年的研究热点。张宏的博士论文指出：从方法论上讲，徐复观把美学思想纳入思想史视域，以“追体验”方法把握中国艺术神髓；在本体论层面，徐复观彰显了其以现代学术承续传统学术，实现古典美学的现代性转换的努力；在实践论层面，徐复观美学在传统与现代的张力结构中，蕴含一定的现代再生能力。③刘桂荣的《徐复观美学思想研究》一书，首先关照徐复观美学思想中“追体验”的理路，进而探讨其审美价值根源之“心”，审视徐复观美学思想的价值、意义与缺憾。④ 张晚林的《徐复观艺术诠释体系研究》一书，分析了徐复观艺术思想诠释形成的时代背景及基本价值指向，对其艺术诠释体系条分缕析，颇见思辨功力。⑤

近几年，对徐复观的史学思想，亦有文章论及。李维武着重分析了

---

① 任剑涛：《文化卫道与政治抉择——以徐复观、钱穆为例的讨论》，《文史哲》，2007年第2期。

② 孙阳阳：《传统文化的“现代疏释”——徐复观政治思想研究》，山东大学硕士学位论文，2013年。

③ 张宏：《徐复观古典美学研究述评》，山东大学硕士学位论文，2007年。

④ 刘桂荣：《徐复观美学思想研究》，北京：人民出版社，2007年。

⑤ 张晚林：《徐复观艺术诠释体系研究》，上海：上海古籍出版社，2007年。

徐复观诠释传统史学精神的学术渊源及风格特征。[①] 邵华对徐复观的治史渊源有详细阐述，认为徐复观治史深受日本汉学的影响，此外，对熊十力思想的继承与克罗齐、卡西尔思想的影响也不可忽略。[②] 法帅的硕士论文对徐复观历史观中的常与变的关系等进行了探讨。[③] 刘国民分析了徐复观诠释《史记》的思想路数，认为他是带着自己的时代经验、人生际遇与思想倾向来诠释《史记》的。[④]

通过对徐复观研究既往学术成果的大略回顾，我们发现，研究涉及的面相甚广，成果甚多，不过主要集中在美学与文化思想领域，并达成了一定共识。对徐复观史学思想的讨论，虽有篇目触及，然没有专著系统整理和总结，还存留诸多问题，有待进一步思考。

第一，徐复观学术角色的定位问题。李泽厚将徐复观看作与钱穆治学倾向相似的思想史学家。[⑤] 黄俊杰亦认为："徐复观的史学取向与唐君毅、牟宗三的哲学取向大相径庭。"[⑥] 以上观点不可谓不对，但都只突出了徐复观治学一方面的特点。依蔡仁厚的看法，徐复观治学的一个重要特点是具有通识器局。其学术上的通识之见，既体现于研究涉猎领

① 李维武：《徐复观对中国史学精神的阐释》，载杨国荣主编：《思想与文化》（第一辑），上海：华东师范大学出版社，2001 年，第 197—216 页。

② 邵华：《徐复观治史渊源述略》，《延安大学学报》（社会科学版），2014 年第 3 期。

③ 法帅：《试述徐复观先生的历史观思想》，曲阜师范大学硕士学位论文，2006 年。

④ 刘国民：《论徐复观对〈史记〉的"突出"解释》，《湖北大学学报》（哲学社会科学版），2010 年第 6 期。

⑤ 李泽厚：《中国思想史论三部曲》，天津：天津社会科学院出版社，2007 年，第 454 页。

⑥ 黄俊杰：《东亚儒学视域中的徐复观及其思想》，第 232 页。

域之宽广、治学兴趣之广泛，还表现在其理解学术问题思路之宏阔、关注现实问题视域之深广。如果我们简单地将徐复观定位为史学家、美学家，不以通识眼光视之，就不能贴近徐复观的思考理路。就现代治学分科理念而言，不同学科不仅关注的面相和思考的问题不同，而且自有其特定的思维方式和研究取向，有时甚至是对立的。如果研究者忽略徐复观治学上的通识特点，治思想史者对其美学艺术论著生疏，治文学者对其思想史论著理解不透，都以自己学科的思维模式和认同为准则，就会错过一些徐复观提供给我们的极具张力的重要思想资源。因此，我们对徐复观学术角色的探讨，不妨拓宽视野，打通学科壁垒，淡化学科边界意识。也许这样，我们对徐复观学术思想的认知会多一点深刻的体悟，评价也会更为公允平正。

另外，在把握徐复观治学通识特征的基础上，将其视为新儒家群体重要一员，是无可争议的。但若以分派的眼光将徐复观列入新儒家这一流派当中，以新儒家群体所具有的共性特征，以今日后见之明所呈现出的条理化、系统化的思维模式去把握徐复观学术思想的脉络，显现出的形象越明晰，反而可能对徐复观学术思想的认知愈加脸谱化。桑兵指出，分派的视角“在提供清晰得近乎虚假的脉络和泾渭分明的界限的同时，牺牲了大量错综复杂的事实，对于知之不多者或不明真相的后来人，这样的简约明快或许因为容易把握而变得易于流行，但对于研究者而言，如果循此途认识历史，结果不免南辕北辙，误入歧途”。分派是一种有效的观察方法，但用于分析人物思想必须慎之又慎。因此，对徐复观学术思想进行探讨，最好的办法是承认徐复观在新儒家群体这一派别统系中与其他学者相通或相近的文化立场，同时跳出传统新儒家分派的界定，充分考量徐复观多源性、多向度的致思进路，审视其独特性的一面，“尤其要注意派内差异与派外联系”，“派分的相对性导致派内差有时甚至大于派外的同”[①]。徐复观特殊的人生经历与治学路数，使其思想在新儒家群体当中显得独具一格。与钱穆相比，在史学研究的视野上，徐复观不宏阔，但所具备的生活经验使他一样有理解传统思想的深度，见解深刻。与牟宗三、唐君毅等人不同，徐复观无意于建构宏大的哲学思想架构，他对传统思想特征的把握，站在“心”的实践立场来体验、诠释，颇具特色。

第二，对徐复观学术思想的研究，某些领域还有待深化。首先，徐复观史学思想有深究的必要。其次，无论是在学术研究当中，还是时事杂文的写作过程当中，徐复观都发表过批判中国知识分子精神的言论，这些文字中对中国知识人的自省用处极大，成为徐复观的中国文化观的一个极独特的部分。无论是将徐复观作为知识分子的一员与其同时代的类似人物进行比较考察，还是徐复观“检讨”知识分子的言论进行解读，都还有继续探究的空间。最后，阅读徐复观的论著，分析其学术观点，将之与牟宗三、熊十力等人的学术论断作比较考察，笔者发现，论断的歧见处，往往就是问题生发的关节点，从此处也可见若干未被研究的“新发现”。

第三，研究徐复观思想的史料，有待于量的扩充。除已出版的《徐复观全集》所收录的徐复观致胡秋原、唐君毅的信札外，还应对其他学人致徐复观之信札有所留意。如《唐君毅全集》（卷26）有唐君毅致徐复观信函64通；钱婉约辑录《钱穆致徐复观信札》106通（由中华书

---

① 桑兵：《中国学术思想史上的道统与派分》，《中国社会科学》，2006年第3期。

局出版）。2008 年，徐复观的长子徐武军将徐复观生前部分信件捐赠给湖北省博物馆，其中有徐复观致李济、屈万里等人信函若干。这些信函为我们提供了鲜活的材料，不仅有助于徐复观学术思想研究的深化，也便于了解徐复观与现代学人之间的学术交谊。

第四节　研究方法

一、知人论世研究法

研究方法的选择，与所面对的研究对象有莫大关系。本书研究的对象是曾经鲜活的历史人物，但人物逝去后的遗存之迹皆为片段，而且古今有别，以今之语境论作古之人，并非易事。章学诚指出，面对古今之隔，今人须“能为古人设身而处地”，并有“临文必敬”和“论古必恕”的德性修养。“知人论世，在求古人之善者而友之，非求古人之恶者以暴之，或抑古人之善而诬之也”①，笔者以期对徐复观史学成就进行客观的论述。

二、历史文献研究法

陈寅恪在《杨树达〈论语疏证〉序》一文中说道：“圣人之言，必

① 柳诒徵：《国史要义》，上海：上海古籍出版社，2007 年，第 154 页。

有为而发，若不取事实以证之，则成无的之矢矣。”① 这为我们指出了一条探讨徐复观学术思想的路径。若要理解徐复观“有为而发”的学术之言，须搜集徐复观的著作及散佚文献，进行整理归类和总结，看其“有为而发”之言说为何，及其为何这般言说，并旁采相关著作、史料相互参验，这样方可洞悉其思想脉络，窥其学术思想要旨。笔者基于前人探幽索隐的成果，对徐复观论著进行仔细研读，紧紧围绕其史学思想涉及的各个层次和角度进行解读，理解和把握徐复观史学所体现出的治学意蕴和方法特色。

第五节　本书内容概述

本书分为七章，各章主要内容如下：

第一章，导论。陈述选题缘由，研究目的、方法与内容，回顾学术史。

第二章，介绍徐复观生平。徐复观幼年乡教，青年留学日本，中年参政，晚年著述教学，其一生波澜起伏，堪称传奇。本章分三个阶段讲述其一生的曲折历程，每个时段重点讲述对其学术事业较有影响的人物或事件。

第三章，探讨徐复观的历史观。徐复观认为历史变动的本质是“变

① 陈寅恪：《金明馆丛稿二编》，北京：生活·新知·读书三联书店，2001 年，第 262 页。

以体常，常以御变”，史学家应透过历史表象看出它变的方向，并寻找贯穿历史之流的永恒的常道，而儒家的仁义之道就是人类历史之变的常道和坚实的立足点。就历史动力论问题，徐复观对心性史观和进步史观做了详细的阐述，他认为影响历史变动的因素包括士人群体、“高次元”与“低次元”等。徐复观认为历史的价值和功用，主要体现在经世鉴戒与道德褒贬等方面。

第四章，考察徐复的历史认识论。通过对实证主义史学的反思，徐复观认为，史学家主体意识的介入不可避免。在事实选取上，徐复观受到克罗齐“一切历史都是当代史”的影响，认为史学家对事实的认识程序是由局部考订到诠释综合的整体理解过程，想象力显得尤为重要。历史的客观是在一定范畴内带有主观性的客观，对其客观性的检验，必须注意材料评判和史学家人格自律。

第五章，研探徐复观的史学方法论。徐复观主张，一个中国思想史研究者首先应对传统抱有起码的温情和敬意。对传统的解读和诠释，虽然不能不参照西方的方法，但从根本上说，必须坚持“以中释中”的立场；现代中国学者在面对古人时，应当在“以古释古”和“居今释古”间找到一种平衡。在确立上述基本立场和态度的基础上，徐复观提出了一系列价值独到的思想史研究方法，主要包括“以心契心”“追体验”等。在此基础上，徐复观对乾嘉考据和以傅斯年为代表的新考据派的做法进行了反思，提倡思想与实证相结合的新考据观。“追体验”治学方法的形成和运用，标志着徐复观独特治学风格的形成。

第六章，阐述徐复观的史学评论。徐复观认为评价历史应以“心”为准则，他对以形而上思辨评估传统的思路提出了批评。就方法论而言，他着重强调态度和立场，认为它们比方法更重要，史学家论人断事必须坚持温情敬意和多多反省的理路。史学家知人论世，应重视历史人物道德上的大节，评论的目的是为中国文化“申冤抗辩”，寻求传统文化重建的出路。

第七章，结语。主要对徐复观史学研究的特征进行总结与评价。徐复观的史学研究，以“感愤之心”为助力，继承了儒家为己之学的传统，凸显忧患意识的重要性，可谓儒家道德人文史学的发皇。就回应现代的挑战而言，徐复观的史学经验有不少值得借鉴之处。

附录部分探讨徐复观的经学史研究，检视徐复观的研究范畴、价值的厘定，对经学起源、两汉经学及《春秋》三传的看法，兼及评价问题。

第二章

徐复观生平述要

“四战之区，商旅之所辐集”的湖北，在近世海通之前，是一个被梁启超称为“学者希焉”[①] 之地。晚清时期，张之洞督鄂以兴文教、主持新政改革后，一系列兴革教育举措的实施，为该地学风之兴起、人才之辈出奠定了基石。民国时期，鄂东一时成人文荟萃之地，熊十力、黄侃、李四光、殷海光、闻一多等巨子，于时代风云际会之时，相继从鄂东走向全国，名垂青史。由鄂东水土所养育熏染出来的士人群体，有着较为突出的个性特征：狂狷不阿、激越果敢、性情率真、坚韧不折。这使得他们的学术思考在“过渡”的新旧转轨时期，在某种程度上具备开创性的特质。其中，知天命之年生活重心才由政治转到学问的徐复观，无疑是一个特立独行的传奇人物。

身经时代深创剧痛的徐复观，苦苦求索探源，站在批判反省的立场上，以自由主义论政，以传统主义卫道，以期达成儒家“旧内圣”与“新外王”的协调统一，使传统文化完成现代转型。围绕传统转型的时代课题，徐复观以其慧眼之识、睿智之思，赋予传统以创造性的“现代的疏释”，留下了洗尽铅华之后值得今人品味的大量经典之言。要品其

① 梁启超：《近代学风之地理分布》，《清华学报》，1924 年第 1 卷第 1 期。

真言，进而知其为学之要，须先知其人，因此下面我们对徐复观生平经历进行梳理。

徐复观的一生大体可分为三个阶段：1903—1931 年是第一阶段，这是其早年求学，奠定一生思想基础的发轫阶段；1931—1949 年是第二阶段，这是徐复观遇到熊十力，从而改变对中国文化的厌弃态度的思想转轨阶段；1949—1982 年是第三阶段，一以贯之的是著述讲学的主调。限于研究主题，我们对徐复观三个阶段的人生轨迹，只选取与研究主题相关的一些面相加以大致勾勒。

第一节　早岁求学生涯

一、幼年乡教生活

1903 年 1 月，徐复观出生在湖北省浠水县团陂镇凤形湾的一个半耕半读的贫寒之家。从记事起，徐复观的生活便与穷苦和饥饿相伴。砍柴、放牛、捡棉花、摘豆角，是他 20 岁之前在寒暑假中必做的“功课”。家里的日子过得很艰辛，开春时节，粮食时常接济不上，总有一两月的断粮期，为了维持生计，徐复观的母亲和姐姐常在五更时起身纺线，叫他哥哥拿到离家 8 里的黄泥嘴小镇去卖，以换取全家的养命钱。

成年后的徐复观，每当回忆起幼年那一段荒寒、破落的乡土生活，心里的想法似乎很矛盾。对“父兄的艰辛，一闭目都到我眼前来了”的苦日子的惦念不忘，他心里深深地认同自己“真正是大地的儿子，真正是从农村地平线下面长出来的”①。作为“农村儿子”的徐复观，留恋幼年在农村经历过的苦，左邻右舍相互帮扶的、热闹的、富于人情味的日子，梦想着住在故乡过“身心干净”的隐居生活，每天养鱼种树。但现实是残酷的，在时局动荡之时，几次归家省亲的徐复观所见的亲戚朋友，过的都是困窘生活，而他本人也面对着家庭生计问题，只能怀着精神上的歉疚，回到政治事务中继续为稻粱谋，似乎“对自己的故乡，一直是在逃避、抛弃”。理想与现实的落差在徐复观心里留下了难以修复的创痕，也使他到台湾后一直对作为血脉之根的“破落的塆子”充满记挂而难以忘怀。当卷入时代浪潮中的徐复观身经巨变之后拿起笔写文章倾诉时，时代悲情体认充溢于其内心。愈是向文化传统的纵深发掘，愈能体验到一种与思念乡土相通的生命共感，那是如此质朴有力，撞击着他那一颗思乡之心。可以说，对传统文化的溯源寻根的使命感和根植于心灵深处的对那个“破落的塆子”的念怀，赋予徐复观以一种强烈的文化根源意识。这种文化根源意识导致了徐复观庶民史观的形成，也使其深悟：铺垫发展民族文化生命的基石，推进中国历史前进的主要力量，是来自几千年来农村的人伦道德风俗。农村的巨大潜力、光明前途，就是中国文化未来发展的巨大潜力、光明前途的根脉所在。

徐复观8岁发蒙，他的父亲是一个“科举迷”，在乡间以教蒙馆为生，一生科举不第，就把考取功名的希望寄托在孩子身上。父亲教授给徐复观的知识都是以应考为目的，内容以四书五经为主。这让徐复观幼

① 徐复观：《学术与政治之间》，上海：华东师范大学出版社，2009年，第25页。

小的心灵受到束缚，父亲以“做官”为目的的教育让他极为反感。他偶尔“挣脱”出来读读《聊斋志异》之类的书籍，结果被父亲发现，书也被投于火中。在12岁进县城高等小学就读之前，徐复观对四书五经、《纲鉴易知录》《东莱博议》《古文观止》《闱墨》之类的书下过一番苦功。

12岁，徐复观进入浠水县高等小学就读。脱离了父亲的掌控，处于叛逆期的他，在学校里基本是糊涂过日子，并不用功。读完三年高小，他看完许多本章回小说，青春期的好奇与冲动使他沾染上了一些坏习气，但这并不妨碍他才气的显现——还未高小毕业，他就在中学入学考试中夺得第一，一时成为轰动全县的事情。徐复观调皮顽劣地“混”完高小，以最优秀的成绩入校，却以倒数第六名毕业。毕业之后，徐复观打算学中医，与同学搭伙开中药铺。没想到，湖北省立第一师范学校的招生改变了他的人生轨迹，他没有成为赤脚医生终老乡间，而是开启了另一段行程。

二、武昌求学

1918年秋，徐复观进入湖北省立第一师范学校学习。当时的校长是刘凤章，一位笃信王阳明致良知、知行合一之教的学者，著有《阳明学宗旨》《周易集注》等著作。刘凤章为人不苟言笑，本性清严，治校有方。他尽力为学生聘请好教师，常常三顾茅庐聘请当地知名学者来校任教，并亲作表率，编写讲义，担任修身课业指导教师，提倡德行兼修的经世致用之学。

在第一师范就读的5年中，物质条件虽然不好，但徐复观读书很用功，很有上进心。初入师范读书的徐复观对旁的功课都无所谓，唯独对写作特别在意，但他的国文一直都是班上倒数二三名，为此还好多次偷着抹眼泪，总是想不通。正是这种想不通而不服输的个性激发了他读书的热情。通过大量阅读先秦典籍，尤其是《庄子》——有时甚至借五六种注本对照看，徐复观终于掌握了使文章开阖跌宕的技巧，也明白了从古代经典中提炼思想精华的价值。受“五四”新风潮的影响，徐复观也常读胡适、梁启超、梁漱溟等人的著作。他大量阅读的收获是，成绩大幅提高，短短两三年间，他由班上倒数二三名升到前三名。徐复观特别喜欢写他父亲并不喜欢的“翻案”文章，其父无可奈何，只能默然许之。

1923 年暑期，徐复观从第一师范学校毕业。在武汉甚至是县一级的学校中找一个小学教员的工作并不容易，又多方寻找其他工作无果，徐复观联合几位同学到浠水县劝学所大吵大闹，后被分到浠水县第五模范小学任教。五块半到六块大洋的微薄待遇无法维持个人生活，他常为生计所迫私下借债。听说武昌创办国学馆的消息后，徐复观觉得可借考试一途暂时摆脱窘境，当即决定前去应考。在三千余人的竞争中，徐复观第一场即被取为第一名，获得国学馆专修资格。

在国学馆就读期间，徐复观认识了对他的学术生涯产生重要影响的两位鄂籍学者：王葆心与黄侃。王葆心（1867—1944），字季芗，别字晦堂，又号青垞老人，湖北罗田人。张之洞督鄂主政时设两湖书院，王葆心以“博洽受知”为高才生。辛亥革命后，王葆心先后任教于北京大学、武昌高等师范学校等学校，是当时湖北学界甚为推重的博雅之士。王葆心博览群书，著述甚多，他的专长是古代文学理论和方志学，著作有《古文词通义》《湖北文征》《方志学发微》等。徐复观在国学馆就读期间，作为馆长的王葆心不仅常发奖学金帮助徐复观解决生计问题，有时甚至自己掏钱以周其衣食，对徐复观的期望可谓至殷且厚。王葆心逝世后，其所修《湖北文征》被人讹去，多亏徐复观多方找寻周旋，才未遗失。

当时，在国学馆执教的皆是一时耆硕，其中就有黄侃。黄侃开设关于《说文解字》的课程，讲解音韵训诂。对于黄侃当时教学的情形，徐复观曾回忆道：

> 他上课，的确常常是说笑话或骂人。他所骂的，乃至开玩笑的，都是些提倡白话文学之士。不过，他骂也骂得极有分寸。对于学问上意见不同，而实际有成就的人，他依然是非常尊重。同时，他一经讲上了题，总是精致透辟，声调铿锵，真可给听讲者以精神的鼓舞和知识上的启发。①

徐复观与七八个同学相约，向黄侃请教《广韵》和《文心雕龙》。黄侃向徐复观建议，可以把郝懿行的《尔雅义疏》从头到尾细读一遍。黄侃对徐复观甚为器重，不仅在入学考试时把他取为第一名，甚至还几次让他搬到自己家去读书。耐人寻味的是，徐复观在后来的回忆中称自己并没有从黄侃那里得到多少学问上的教诲，甚怀抱疚之意，谦称自己太不成材，从不敢对外自诩是黄侃的学生，并对黄侃的《文心雕龙札记》颇有微词。

在武昌十年，受教于王葆心、黄侃等名师，耳濡目染的教益对徐复观之后学术路向的抉择影响甚大。其学之源，于此经历中可窥知一二。

① 徐复观著，陈克艰编：《中国知识分子精神》，上海：华东师范大学出版社，2004 年，第 36 页。

时代洪流的席卷使徐复观不得不先谋生计。他虽暂时丢弃线装书，但古典文学的基础建起来了，也只是等待合适的外缘时机和思考碰撞的触发。

三、留学日本

1928 年 3 月，得到时在桂系军阀麾下任要职的老乡陶子钦资助，徐复观等 11 人赴日留学。彼时由于“济南事件”发生，加之国内大规模的反日活动，在日的中国侨民、留学生处境甚为窘迫且多被敌视。初到日本的徐复观，被宣布留日保送资格无效，失去了在日本陆军士官学校学习的机会。不得已，徐复观到日本明治大学研究部挂名学习，一边自修日文，一边读一些经济学方面的书籍。1929 年 5 月，徐复观的经济来源中断，无奈之下，他向当时驻东京的中国青年会总干事马伯援求助。马伯援是冯玉祥派遣的驻日代表，与徐复观同为湖北人。在他的帮助下，徐复观谋得保送资格，于 1930 年春进入士官学校学习。

在士官学校学习期间，徐复观从“鲁迅迷”变成了“河上肇迷”，组织了“群不读书会”，阅读河上肇及马克思、恩格斯的著作，涉及政治学、经济学、哲学等，连日译的“在马克思主义之旗下”的苏联刊物，也一期不漏地买来阅读。九一八事变发生后，徐复观与其他留日学生决议全体退学，他们推选了九位代表到中国驻日大使馆门前请愿，然未得到答复。随后日本政府逮捕了徐复观等人，并要求他们限期离日。

徐复观的留日生涯就这样在为国家、民族的抗议呐喊声中遗憾地结束了。虽然未得到正式的文凭，但留日几年间的生活锤炼，对徐复观后半生的治学产生了极为重要的影响。到台湾后，转入学术领域的徐复观曾于1950年、1951年和1960年三次去日本旅游，写了多篇游后感，泛论日本的政治外交、民族性格、学术交游等问题。通过这些文字我们可以看出，徐复观对日本的体察之微、了解之深，其眼光是极为通透犀利的。因为熟知日文，徐复观先后翻译过萩原朔太郎的《诗的原理》和中村元的《中国人之思维方法》。他每年都会从日本买进大量日译西方著作，他的头脑“磨砺”出了深刻的思考力，以此形成的思考框架，使其在治学上，能在细密处见人所未见。

第二节　由政入学的转折
——熊十力思想的影响与承继

在日留学的徐复观，经历了反抗、入狱、退学等一系列曲折后，怀抱着满腔救国的热望，和同学们从日本回到上海。退学归国的学生们曾去南京为抗日呼号奔走，但均无结果，无望之下，只得各奔前程。徐复观回湖北后，多方谋职而不成功，后通过友人介绍，投桂系军阀白崇禧麾下做了一名营副，过起了他自嘲的“丘八生活”。在广西的一年时间里，徐复观从营副升到团副，工作算是干得有声有色，但战备训练较多，实战机会较少。

1933年，徐复观辞职离开广西，本打算去新疆投效盛世才，彼时发生了“福建事变”，他在途中改变了主意，跑去福建看有没有机会，结果一无所获。为了找到合适的职位，徐复观跑到了南京。偶然听到国民党政府内政部长黄绍竑正在受命秘密筹划平定新疆之事，徐复观便写信给他，把自己在广西一年的经历说出。黄绍竑给了徐复观中校军衔，并命他与其他几位幕僚带四辆车去西北勘查交通与水源状况，以确定部队入疆的路线，可惜此事最终不了了之。此后几年，徐复观一直跟随黄绍竑在浙江工作，担任参谋一职。1936 年，他随黄绍竑调任湖北，担任湖北省保安处第一科科长。

1937 年全面抗战爆发，黄绍竑被任命为第二战区副总司令，徐复观以上校参谋身份陪黄绍竑匆匆赶赴山西战场。后来，徐复观由于对黄绍竑使用幕僚的方式及指挥有分歧，加之与黄绍竑的部下多有芥蒂，便决心另寻他处。离开黄绍竑部，徐复观进入了国民党中央军，担任团长，曾参加武汉保卫战，后调任第六战区参谋部任高级参谋。此后在朱怀冰的推荐下，徐复观担任荆宜师管区司令。

1943 年，对于步入不惑之年的徐复观来说，可谓是人生的转折之年。经康泽推荐，徐复观接受国民党军政部的派遣，前往延安任国共两党的联络参谋。结束在延安的半年派遣任务后，徐复观准备复完命即返乡隐居，不料却调任侍从室第六组秘书。正是这一年，徐复观遇见了影响他后半生的、最重要的学术引路人——熊十力。正是在熊十力“亡国族者必先亡其文化”观点的感召下，徐复观开始纠正二十年来厌弃中国文化的心理，有了扣开学问之门的勇气。

熊十力少时弃科举，加入同盟会，辛亥革命后，看到国民党内人才缺乏，士习堕落，对世事渐生无望之感。自三十五岁起，他矢志为学，后援佛入儒，独自造境，别创新唯识论，在学界声名鹊起。此时尚在军界供职的徐复观，完全不知“学问”为何物，还怀有自满之心态，在怀着好奇、仰慕之心初次写给熊十力的信件中，行笔龙飞凤舞，草字难辨，招来熊十力谴责。熊十力在复函中开陈了一番治学做人的道理，劝徐复观以“真实心”立志向学。其函曰：

> 为学须具真实心。真实心者何？即切实做人之一念，恒存而不敢放也。诗曰：“夙兴夜寐，毋忝尔所生。”心不存时，最好诵此，庶几惭愧中发，而有以自警矣！吾老来，念平生所见老辈及后辈，甚至后后辈，有聪明可望于学问或事业有所就者，未尝无之。然而卒无成？其故为何？即根本无做人之一念耳。无真实心，便无真实力。无真实力，而可以成人，可以为学立事者，古今未尝有也！富贵可苟取，浮名也可苟取，人生而为人矣，奚可如是了此生耶！①

这封言辞恳挚的复函，尤其是其中所强调的做事做人的“真实心”，对徐复观后半生学术志业上的良知固守有着莫大的影响。徐复观在回忆熊十力的文章中写道：“这封信所给我的启发与感动，超过了《新唯识论》。因为句句坚实凝重，在率直的语气中，含有磁性的吸引力。”②

熊十力对徐复观的影响，还体现在读书方向的引导上。穿着一身军装的徐复观第一次去勉仁书院看望熊十力，请教应读什么书，熊十力推荐了王夫之的《读通鉴论》。徐复观回应早已读过，并讲出了一大堆意见。熊十力当场便生怒气，骂了徐复观一顿，并向徐复观讲解读书方法：

> 任何书的内容，都是有好的地方，也有坏的地方。你为什么不先看出它好的地方，却专门去挑坏的？这样读书，就是读

① 刘海滨编：《熊十力论学书札》，上海：上海书店出版社，2009年，第46页。

② 徐复观著，胡晓明、王守雪编：《中国人的生命精神：徐复观自述》，上海：华东师范大学出版社，2004年，第45页。

> 了百部千部，你会受到书的什么益处？读书是要先看出他的好处，再批评他的坏处，这才像吃东西一样，经过消化而摄取了营养。譬如《读通鉴论》，某一段该是多么有意义；又如某一段，理解是如何深刻，你记得吗？你懂得吗？①

熊十力的这番话被徐复观形容为“起死回生的一骂”。此后，经过熊十力不断的教诲，徐复观逐渐从个人的肤浅认知中挣扎出来，慢慢觉出精神上应追求什么。徐复观也渐渐意识到往日漫无目的地读书的坏处，在读书治学方面给自己立下了三条规矩：其一，绝不读二流的书，非万不得已，不读与自己的研究无关的书；其二，对古典文学等的研究，先了解今人或前人的研究，以之为指引，再去细读原典，但万不可以用阅读今人或前人研究代替阅读原典；其三，读书必须有“水磨”的笨功夫，一面读一面做记号，勤于做摘抄。

熊十力致函徐复观，对其为学向路亦多有建议。函谓：

> 学问须专精。立本之学，则取其发明大道、补益身心与充实生活者，精思力践不敢跬步失。致用之学，或政治（其中或求通识，或求专长，又有别）、或实业、或军事，必专一门作踏实的研究。浮泛知识、无聊浅薄混乱的理论，今人所尚。实可痛，可耻！常自戒。②

熊十力意在劝徐复观为学：须是专精于一途用力，勿为时代浮泛之风潮所误。徐复观多有领会，一方面，结合自己的专长和优势，多读西

① 徐复观著，胡晓明、王守雪编：《中国人的生命精神：徐复观自述》，第29页。

② 刘海滨编：《熊十力论学书札》，第54页。

方理论典籍，以资思考力之培养；另一方面，在治学方面，专精于在传统儒学上用功，从《象山学述》到先秦人性论之深剖，再到两汉思想史之深究，通贯文学史、艺术史领域，晚年收获了丰硕的学术成果。

熊、徐师徒二人在人生经历与思想转折轨迹上，有诸多相似之处。二人家乡相距不远，都在鄂东地区；同为贫苦出身，性情率直坦荡，有农村艰辛生活的体验，对底层大众有天然的亲近感，这在他们的著作中有所体现。徐复观在对熊十力《先世述要》所作的评述文章中说道："熊师在述其先世中，特彰显庶民在穷苦中的志气与品德，对今后写'庶民史'的人有很大的启发。"① 徐复观在对两汉思想史的研究中，也对下层士人群体的命运、妇女的地位问题予以审视，可谓承继其师治学之要。

熊十力致函徐复观言其治学路向时说："余之学，以思辨始，以体认终。不极于体认，毕竟与真理隔绝，学不证真而持论，总未免戏论。"② 熊十力之论，即认识客观对象的思维方式应是以思辨为始，反求诸己而慎修以体之，涵养以发之，始知万物根源无须外觅。徐复观继承此说，认为对传统思想的研究"尤须以思辨之力，推扩其体验之功，使二者能兼资互进"③。看似相似的治学路向，背后却有诸多分歧。师徒二人对治学路向的体认，都基于"心"，而熊十力秉持体用不二之旨，

---

① 徐复观：《熊十力大师未完成的最后著作——〈先世述要〉》，《明报月刊》1980年第15卷第8期。

② 熊十力：《十力语要初续》，上海：上海书店出版社，2007年，第49页。

③ 徐复观著，陈克艰编：《中国学术精神》，上海：华东师范大学出版社，2004年，第270页。

强调“心”之作用，认为宇宙之“心”如月印万川的一人一物之“心”，须臾不离生命存在而存在。熊十力思考的基点是思辨体系，是从形上本体理解其治学路向，如徐复观所言：“先生虽谓自己所得，是出于‘证会’，但就我所了解，依然是出于思辨。”① 在徐复观看来，熊十力对“心”的体悟，只存于其个人之体验，与社会现实割裂，未能进一步扩展于社会人生之中。由此来看，熊十力建立在形而上学架构上的“心”之本体，如同走马灯，从未稳过。并且中国传统思想立足于现实世界，因此思想基点应从实践出发，从社会人生中疏导出传统文化的真精神，显其真生命。由此，徐复观将“心”践行于经验层面来理解。徐复观认为，“心”之体本于自足之生命，由现实世界所承，应从践行出发，通过功夫而见“心”，每个人都可通过内心省其私念，故“心”的文化也是大众化、社会化的文化。

由于在“心”之本体理解上有分歧，徐复观终未像其师熊十力和同门唐君毅、牟宗三那样，以建构形而上体系为一生治学之志，而在治学路向上“以考证言思想史，意在清理中国学术史里的荆棘，以显出人文精神的本真”。然此做法，“当为先生（指熊十力）所呵斥。”②。

在徐复观看来，对熊十力治学所示形上之路向，应做反思。此外，由于在治学上不善考据，熊十力著作中的不少论点显出游谈无根之弊。徐复观发现，历来研究中国传统哲学者，许多并不在考据上下多少功夫，如果遇到了考据上的问题，很多时候会跟风从众，来做自己立说的

① 郭齐勇编：《存斋论学集：熊十力生平与学术》，北京：生活·新知·读书三联书店，2008年，第162页。

② 郭齐勇编：《存斋论学集：熊十力生平与学术》，第164页。

缘饰，熊十力先生就是典型的例子。《新唯识论》一书，在哲学思辨上独辟新境，“但他瞧不起乾嘉学派，而在骨子里又佩服乾嘉学派，所以他从来不从正面撄此派之锋，而在历史上文献上常提出悬空地想象以作自己立论的根据，成为他著作中最显著的病累”①。

徐复观对熊十力的治学路向及为学精神有继承也有反思，一方面，在治学、读书上，对熊十力的意见多有接受；另一方面，在致思路径上，消解形而上之“心”，对熊十力治学思想既有认同与借鉴，又有批评与扬弃。这为其治学打下了深厚的根基。

第三节　晚岁的志业

一、《民主评论》的艰辛经营

1949 年，徐复观正式进入学术之门，先后在台湾台中农学院、东海大学与香港新亚书院任教，并潜心著述三十余年。大体来看，在 1955 年之前，徐复观的治学尚处于探索期，文章写作题材以政论为主，按照他本人的说法，此时“是主张在文化方面，应多做点疏导工作。疏导即是‘接引’。但恨自己学力不够，所以常常以此期望之于

① 徐复观：《两汉思想史》（第三卷），上海：华东师范大学出版社，2001 年，第 1 页。

牟宗三、唐君毅两先生”[①]。1955年，徐复观到了台湾东海大学中文系任教。他原来的计划是先读西方哲学的东西，六十岁后“返回”线装书。由于教学情况的需要，他修正了原来的研究计划，以研究工作带动教学，自此，从《象山学述》的阐释开始，徐复观正式开启了从思想史路径切入对中国传统文化的现代意义的研判当中。此时，徐复观的大部分精力投注到他创办的《民主评论》上，以此刊物为平台，留下了大量的议政论学之作。可以说，无论是作为港台新儒家阵营宣讲传统文化的学术事功之所存，还是弘扬圣贤志业精神象征之所寄，《民主评论》都在20世纪下半叶的港台新儒学发展史上留下了浓墨重彩的一笔。

徐复观曾打算把原在南京办的《学原》杂志办下去，但在香港发行过两期后，由于经费无着落，只好遗憾地停刊。1949年6月16日，半月刊《民主评论》创刊号刊行，总社在香港，在台北长安西路设有分社。对于创刊之初的分工，张丕介曾回忆道：“我与徐复观先生分工合作，他负责筹措经费，打开对外发行的关系；我负责征集文稿、编辑和校对等事务。”[②] 关于办刊的动机与因由，徐复观自陈有几方面的考虑。其一，中国的问题，最根本的还是文化问题，因为文化上本根未立而产生虚脱混乱之困局，使许多知识分子丧失了“本性”，而《民主评论》之创建，可以团结一部分知识分子“由文化大方向的奠定……能够拉住此一大方向的纲维，而慢慢地站起来”[③]。希望以把握

① 徐复观著，陈克艰编：《中国学术精神》，第275页。

② 张丕介：《新亚书院诞生之前后》，载《新亚教育》，香港：新亚书院研究所，1981年，第44页。

③ 徐复观著，陈克艰编：《中国知识分子精神》，第68页。

中国文化的精神开中西文化融通之路。其二，在这个裂变、动荡的时代，有许多文化及现实问题，如何能不认真地去想，不认真地去看？对此，徐复观的看法是必须诉之于个人良知，但良知之发现，有待于思想的针砭和启发。《民主评论》所担负之责任就是透过反省，将人们导向对传统文化未来何去何从的探求。

《民主评论》创刊之初所面临的最大问题是缺乏适当的文稿。而此时，钱穆、唐君毅、谢幼伟等学人相继到达香港，顿使稿源问题得以解决。这些人过去都是徐复观在南京办《学原》时的旧友，此时又成为《民主评论》的作者。而张丕介、钱穆、唐君毅三人同时是新亚书院的创办人，这使得《民主评论》和新亚书院之间有割不断的“天然联系”。《民主评论》稿源缺乏，多赖新亚书院为之解困。当新亚书院资金周转困难时，《民主评论》常予以周转，“得以延新亚命脉于不坠”。在新亚书院境况窘迫之时，徐复观捐赠其办刊经费三千港币，“并未请求偿还”①。徐复观甚至将《民主评论》的账目等交给新亚书院主持者，使其既能监理校务又能节省精力为《民主评论》多做编辑工作。两者之间联系之紧密，于此可见一斑。正如牟宗三所言：“那时新亚书院初成，极度艰难，亦多赖民主评论社资助，此亦徐先生之力。所谓新亚精神实以民主评论之文化意识为背景，人不知此背景，新亚精神遂亦漫荡而无归矣。”②

《民主评论》创刊后的五六年间，其所持的文化保守主义趋向常

---

① 徐复观：《无惭尺步裹头归：交往集》，北京：九州出版社，2014年，第391页。

② 朱传誉编：《徐复观传记资料》（一），台北：天一出版社，1985年，第1页。

遭到以西化派为代表的《自由中国》的批驳，两份刊物之间开展论战成为常事。《自由中国》一时畅销，《民主评论》则在经费筹措、稿源、销量等方面长期面临困境，由于缴纳不起注册费用一万元港币，被迫于1951年停刊半年。徐复观心灰意冷，准备停刊退出，便滞留日本不归，有“去东瀛作长期居留之计”。钱穆、唐君毅等人多次致函，劝徐复观以大局为重，“能一心一意专办《民主评论》”，“能忍则忍，能耐则耐，能迁就则迁就，能委屈则委屈”，不能因暂时困难而灰心、气馁，尽早返回，以求复刊，因一事业之创立发展并非易事。徐复观听取了意见，《民主评论》复刊，但徐复观内心早有退出想法，多次想把刊物交予钱穆主办。无奈新亚书院院务繁忙，钱穆婉拒，但答应和唐君毅等人协助编辑事务。办刊经费一再被削减，甚至减到一半之时，《民主评论》还勉强支撑了一段时间，之后经费则难以为继，徐复观不得不寻找友人涂寿眉、唐乃建等帮忙，想将刊物转手。但它如同烫手的山芋，无人敢接管。长期的亏损令徐复观等人深为烦忧，为了维持刊物每月四千元港币的开支，徐复观、唐君毅、钱穆等人不得不自己贴钱，徐复观甚至“因为《民主评论》不能支持下去，到台北来想把资料卖点钱”①，以济日常开支。

1955年，钱穆在致徐复观的函中指出“民评稿件来源枯窘”②，望徐复观多加注意，苦心维持。在钱穆未向徐复观提及稿源枯窘之前，徐复观就已开始为稿源之事发愁，加强与新亚书院的联络以开辟

---

① 徐复观著，曹永洋编：《徐复观家书集精选》，台北：台湾学生书局，1993年，第154页。

② 钱穆：《素书楼余沈》，北京：九州出版社，2011年，第281页。

稿源，多次致函唐君毅、牟宗三等友人救急。同时，刊物的销售亦不畅，读者数量急剧减少。对此，徐复观在致唐君毅的信函中诉苦道：

> 在《民论》一、二卷时，兄与宗三兄在台拥有不少读者。三卷以后，即减少，此弟所时刻留心启查而得者。①

考虑到《民主评论》稿源、销路及读者群体接受程度等问题，徐复观不得不调整刊物的内容倾向和写作风格。他在致唐君毅的信函中谈道：

> 观主张刊物应该与社会通气，否则何必办？但通气须在文章上及问题之接触面上讲求，不必把原来的风格抛弃掉……观意，今后不妨更侧重文化方面，并多介绍一点外国的东西。②

至于刊登文稿的写作风格，徐复观认为：一是不可太长，二是力求显豁，三是问题接触面较宽。看到刊物的这种萧条景象，牟宗三建言，刊物应在写作风格及审稿方面注意后进，提拔青年，多考虑思想活泼的青年作者，汲取新的活力。鉴于自己的办刊意见并未有多少落实，刊物一直半死不活，毫无起色，经费困难，还有作者各有所忙事业等原因，1959 年，徐复观又一次想到了停刊。但他想到"《民论》存在的唯一理由，即是想在文化中为中国人讲几句话"③ 的夙愿，又将此想法暂时搁置，直至刊物"油尽灯枯"。

从 1949 年 6 月创刊到 1966 年 8 月停刊，《民主评论》维系了约

---

① 徐复观：《无惭尺步裹头归：交往集》，第 360 页。
② 徐复观：《无惭尺步裹头归：交往集》，第 350 页。
③ 同上。

17 年之久。以今日后见之明来看，对徐复观而言，《民主评论》是他表述自己学术见解的重要渠道，在和诸多学人的交流过程中，他逐渐形成了独特的治学风格，奠定了在学界的发展之基。作为论学平台，《民主评论》曾刊发过关于徐复观与毛子水、劳干等人“考据与义理”之争的文章，刊发过与钱穆参与《中庸》成书及思想地位问题、孔子与老子生平讨论等诸多争论的文章。正是这一波波的学术争鸣，促使徐复观才思汩汩，使一些人（如唐君毅）就对他的精进刮目相看，在致其信函中言，读他的文字，觉“兄年来之努力于进步，友人中无人能及者”[1]。1950 年，学术途辙尚处摸索阶段的徐复观翻译了日本学者三木清的《西洋人文主义的发展》一文，发表在《民主评论》上，牟宗三、唐君毅等人看到后，相继发表《人文主义的完成》《人文主义之名义》等文章，对中国人文主义的特点、意义及中西人文主义之异同等问题做了翔实的阐述。唐君毅、牟宗三等对人文主义概念、特征的深入辨析与诠释，给了加入讨论的徐复观很多启示，使他最终选定以人性论的探析作为剖析中国人文主义精神的突破口，并最终成为中国思想史研究领域有影响力的大家之一。

二、文化论争的“呐喊”

与其他新儒家学人不同的是，徐复观是以时代“参与者”（牟宗三语）的身份踏入学术圈子的。这使他的思想具备“书斋式学者”少有的凝重的现实感。徐复观认为，一切思想都是以问题为中心的，尤

---

① 唐君毅全集编委会编著：《唐君毅全集》（卷 26），台北：台湾学生书局，1991 年，第 87 页。

其是思想家所碰到和想解决的时代问题，而时代困境是生发问题思考的契机和归宿。20 世纪的中国面临的现实境况是：中西思想理念激烈冲突，传统政治、经济、文化等各个方面都面临现代转型。就此课题答案的找寻，传统派和西化派在理念分歧与路径上势同水火，常常发生论争。

在徐复观看来，作为一个中国的知识分子，无论是以什么态度、处于什么派别来讲学问，都不能缺少对民族前途和时代问题的现实关怀。学问成就和思想路数是一回事，现实关怀是另一回事，读书人与读书人之间，应以现实关怀为指引，“读书人应尊重读书人，应该使社会风气转一转，使社会知道读书人也是可贵的，使社会上多有几种标准”①。

徐复观虽怀有“团结”两派的念想，但看法不免有些“天真”。文化理念的分歧导致的界限是如此分明，一旦文化理念冲突发生，他“调人”的角色立马转变为捍卫传统的“呐喊者”。1958 年，徐复观与牟宗三、唐君毅、张君劢三人合作发表《为中国文化敬告世界人士宣言》。此宣言可看作关于港台第二代新儒家群体文化理念的纲领性文献，其中对西方汉学家，尤其是“五四”以来以胡适为首的新派学人所持治学路径、态度立场多有批评，并认为，对中国文化的研究，“须肯定承认中国文化之活的生命之存在”，以温情敬意的态度“导引我们之智慧的光辉，去照察了解其他生命心灵内部之一引线”。顺此“引线”，则“敬意向前伸展增加一分，智慧的运用，亦随之增加一分，了解亦随之增加一分。敬意之伸展在什么地方停止，则智慧之运

① 徐复观著，陈克艰编：《中国学术精神》，第 275 页。

用，亦即呆滞不前”①。

该宣言提出的文化理念，遭到了以胡适为首的西化派学人的猛烈抨击。新儒家学人非常在意胡适的态度，宣言发表后不久，徐复观就对唐君毅说：“胡适之先生对‘文化宣言’非常注意，曾多次提到，但未表示赞成或反对，大约以反对之意为多耳。”② 1958 年12 月8 日，胡适到台中演讲，并在台湾东海大学校长为其举办的茶会上径直告诉徐复观：“今天早上在台中农学院讲中国文化，对学生说，中国文化没有价值，不要听徐复观、牟宗三两顽固派的话。”③ 胡适言他本人“忍了十年，现在要讲话了”。而十年来首次的讲话，就是对新儒家宣言的批评。对胡适的“登门挑战”，徐复观大为光火，当面与胡适展开辩论，并表示愿意接受胡适的挑战④。

1961 年 11 月，胡适在“亚东区科学教育会议”上发表了英文演讲《科学发展所需的社会改革》，对以中国、印度为代表的古老东方文明多有批评。对胡适演讲的大致内容，徐复观概括说：

> 问题的中心，可以概括为两点：一为中国的传统文化到底还有没有若干价值的问题；胡先生的答复是一个“否”字，另外有些人的看法则是一个“是”字。二为中国文化能不能与自然科学技术并存的问题；胡先生的答复是“不能”，

① 唐君毅、牟宗三、徐复观、张君劢等：《为中国文化敬告世界人士宣言》，《再生》杂志元旦号，1958 年。

② 徐复观：《无惭尺步裹头归：交往集》，第 383—384 页。

③ 徐复观：《无惭尺步裹头归：交往集》，第 383 页。

④ 同上。

另外有些人的看法是“不仅应当”，而且也是“可能”。①

其实，胡适演讲的主题不过是其全盘性反传统立场的重提而已，但由于其声望及影响力，演讲内容被多家报纸报道，激起了文化争论的波澜。徐复观立即作出回应，以“中国人的耻辱，东方人的耻辱”为醒目标题，对胡适极尽痛责，文中不免夹带意气感愤之辞，但其对胡适“科学万能”论的反问，对胡适用“包小脚”来代表中国文化的言论的质问，道出了几分道理。此文刊发后不久，围绕胡适这篇演讲稿的中西文化论战正式展开。对于徐复观的批评，胡适并未“接招”。

在胡适逝世前半月，徐复观又写了《当前文化争论》一文，对以胡适为首的“新考据派”自“五四”以来确立的“学术典范”做了全盘性的检讨。徐复观认为，胡适是以提倡白话文、杜威思想及做《红楼梦》考证而声名鹊起的，但他的红学考证完全变成了“考据癖”，使《红楼梦》本身与文学及一般青年两无干涉。至于胡适开风气的典范之作《中国哲学史大纲》，则被徐复观看作是除了老子、墨子研究有点价值以外，对于正统的儒家思想，完全采取否定态度。对胡适所提倡的“整理国故运动”，徐复观评价道：

> 胡先生费力最大最多的工作，却是落在“整理国故”方面。他们把乾嘉学派与科学方法结合起来，以张大考据学派的旗帜。其目的，据胡先生自己说，是在经过他们的考据，以证明中国传统文化中一无所有，使中国人从此以后，永远

① 徐复观著，胡晓明、王守雪编：《中国人的生命精神：徐复观自述》，第146页。

不再想到传统文化；这便可以达到他“全盘西化”的主张。①

1962 年 2 月 24 日，胡适突发心脏病去世。此时文化论战正激烈，徐复观本想在胡适去世之日把待刊发的文章撤稿休战，另发表一文以纪念胡适，却遭到编辑拒绝。两篇文章在同期发表，导致战火愈烧愈大。一篇是文化论战上的商榷争辩，另一篇是对胡适的纪念，两篇文章一时激起许多争论。

三、居港之岁月

1969 年秋，徐复观应唐君毅等人邀请离台赴港，先后任教于香港中文大学和新亚书院。此阶段是徐复观学术生涯的黄金期，除了每日上课之外，徐复观其余时间基本上致力于学术研究，并自题“人世每思千日酒，闭门犹著十年书”十四字楹联述志。在港十余年间，徐复观相继完成三卷本的《两汉思想史》、关于两汉经学史及中国文学评论等领域的多部论著。

十一届三中全会的召开，标志着中国进入了改革开放的新阶段。此时的徐复观，思乡心切，想在一两年内返鄂探亲。他多方联系在内地的亲朋故旧，并关心其师王葆心、刘凤章等人的著作整理情况，把自己所藏的老师及他本人的著作邮寄给湖北省图书馆。徐复观亦去信联系内地的一些学者，如贺麟、钱锺书等，进行学术交流。徐复观托人将其所写《陆机文赋疏释》等文章转交钱锺书，钱锺书阅后回函，对《陆机文赋疏释》予以高度评价：“‘注则训诂精博，疏则解析明

① 徐复观著，胡晓明、王守雪编：《中国人的生命精神：徐复观自述》，第 147 页。

通。'而两人在'释虎济伟诸节，冥契尊见。独学无友，闭门造车而竟不孤有邻，又窃以自壮也'。云云。"① 内地学术界于 1981 年 9 月致函徐复观，邀请他参加当年 10 月 15 日在杭州举行的宋明理学研讨会，可惜徐复观病体甚弱，未能参会，错过了与内地学人见面交流的最后机会。

晚年的徐复观凭着扎实的日积月累的"水磨"功夫，在学术上勇猛精进，著书十余种，得到了国际学术界的承认，多次赴海外交流。1977 年 7 月，徐复观赴美参加由其学生杜维明主办的"清初学术讨论会"，并顺道看看在美的子女与门生故旧。徐复观提交了论文《清代汉学衡论》，并做了重点发言。对于当日会场的讨论情形，徐复观有以下记载：

> 我发现这次讨论会，无形中是以戴震思想为中心，大家对他有过高的评价。戴氏是反宋明理学的急先锋，胡适是他的后继者，写有《戴东原的哲学》。梁任公也倾心于戴氏。戴氏思想在美国汉学中影响之大，主要是通过梁胡两公的著作言论而来。而戴氏思想的横决，更由此而引起我深刻的慨叹。于是我的报告，便撇开论文的主要内容，集中在对戴氏的批评上。因为我的批评，在会场中是很突出的，便引起以后一连串的讨论。有一天的晚上，是临时专为讨论此一问题而召开的。美国汉学界的"知我""罪我"，大概会由我对戴

① 徐复观：《中国文学精神》，上海：上海书店出版社，2006 年，第 301 页。

氏的批评来决定。①

通过这粗略的陈述可以看出，徐复观的立场与会场的“主调”相反。他对清代汉学所持的是全面批评的态度，认为乾嘉学派标榜汉学，却歪曲汉代学术；反对宋学，却不理解宋明理学的精神要义。而承乾嘉学派遗风的新考据派，以乾嘉琐碎考证来附会西方的科学方法，限制了人文研究的进一步发展。徐复观认为，若抽掉乾嘉学派，无损中国文化的大体；但若抽掉宋明理学，则先秦两汉文化上的成就，会因下部瘫软而麻木，我们便很难触及中国文化的精神。具体到对戴震的评价，徐复观认为，戴震的理欲观是以低层次的理念来反驳高层次的理念，抹杀了中国文化所提出的人生价值，只会造成大混乱。

1980 年 9 月，徐复观受钱思亮邀请参加国际汉学会议，先后提交《〈周官〉成立之时代及其思想性格》《先汉经学的形成》两篇文章，并做了主题发言。会议结束后，徐复观感到疲惫，遂赴医院检查，被诊断出患了胃癌。此时的徐复观，学术方面最大的心愿就是在两汉思想史研究告一段落后，以单篇独立论文的形式，在《中国文学批评史》中选择若干关键性的题目，写十篇左右深入研究的文章，并在经学史研究上多下功夫，写出《汉代经学史》。临终前半年，徐复观还为陈荣捷先生在美国夏威夷主办的朱子学会议赶写了《程朱异同》一文，后又托刘述先先生代为翻译。令人遗憾的是，天不假年，徐复观未能与会，抱憾离世。

1982 年 4 月，一代大儒徐复观病逝于台北，结束了其传奇而曲折

① 徐复观著，胡晓明、王守雪编：《中国人的生命精神：徐复观自述》，第 240 页。

的一生。在遗嘱中，这位自称为中国文化披麻戴孝的“最后的孝子”“以未能赴曲阜谒孔陵为大恨也”，并遗言“万一在港随草露以俱化，如得政府许可，亦当埋骨灰于桑梓之地”，在墓石上刻下“这里埋的，是曾经尝试过政治，却万分痛恨政治的一个农村的儿子——徐复观”三十个字。窥其遗言，孔陵是他的文化精神根脉之所系，桑梓则是生养他的乡土，两者永远是这位“农村的儿子”归根之地。从沙场征战到书斋论战，政治——这是徐复观参与过并始终不能忘情的主题，是他痛恨却又无法割舍的充满矛盾的生命的一部分。由具有泥土气息的经历所迸发出的根源意识和一生由文化切入而以现实关怀为主轴的时代忧患意识，构成了我们了解徐复观学术思想的“钥匙”。

第三章

徐复观的历史观

历史观是指人类对历史事件本质所秉持的看法。历史观因时因人而异，每一时代有每一时代特定的历史观，某一特定的社会群体或群体不同的阶层亦有其特定的历史观。历史观所要探讨的主要范畴是：历史的本质和起源是什么，历史变化的趋向和特征是什么，历史偶然性的变动中是否有着必然性的本质规律，推动历史发展的动力之源是什么，历史的价值功用是什么，等等。对于徐复观历史观的研究，有诸多未发之覆，值得进一步探讨。

第一节　历史的本质

一、“变以体常，常以御变”

徐复观将历史看作一门关于时间的学问。历史成于时间变动之中，在时间中进行，无时间即无历史，“历史的秩序，是由时间的秩序所规定的”[①]。徐复观指出，人类所经历之过去、立足之当下、遥想之将来，都属于时间概念，但人类生活的时间乃至心理的时间、精神的时间，与物理的时间并不一样。物理的时间，随钟摆的摆动而消失于虚无中。但是人类所经历的精神的时间、历史的时间，则凭记忆与现在连为一个整体。“历史的时间，是断而不断，空间是分而不分。”[②] 以整个人生、社会为角度的历史时间，是“在人与事的因果流贯中所形成的，时间没有间隔，历史也没有断隔”[③]。历史的时间具有延绵、无间隔的特点。假如人类没有历史时间性的观念，那么“过去与现在是互相隔断的，现在与明天又是互相隔断的，于是觉得生活只是一刹那一刹那的变换，而不能意识到一刹那一刹那间的某种关联，将各刹那连在一起，以形成过去现在未来一个整体的存在，则社会上谁也不认识他人，谁也不认识自己”[④]。正是由于人类将时间看作维系历史运转的基础，人类才能站在历史之流的节点上，立足于历史时间相沿相承之变动，把过去、现在、未来视为一个相继而不隔断的发展过程，才能越过时空界限把握历史的真实，显现历史事件的来龙去脉。可以说，过去的人事所显之变，正是历史的本质所在。

徐复观发现人类对历史变动有一个从感性到理性的认知过程。面对日月星辰的升落运行、寒暑四季的交替更迭，人类对历史表象的感知以

---

① 徐复观：《两汉思想史》（第三卷），第 202 页。

② 吴福助辑录：《从〈史记札记〉看徐复观先生的治学方法：附录》，载《东海大学徐复观学术思想国际研讨会论文集》，台中：东海大学编印，1992 年，第 92 页。

③ 徐复观：《两汉思想史》（第三卷），第 282 页。

④ 徐复观：《学术与政治之间》，第 230 页。

循环为基准，“从生存的平面看出去，容易误解我们生存的环境是静态的、不变的。由农业社会四时代序的情形推出去，容易认为我们的历史，是循环的。‘循环史观’在中国思想中占有重要的地位”①。自从人类步入文明社会以后，随着科技发展，人类逐渐摆脱蒙昧落后的循环认知观念，国家种族之存亡兴衰、天人之变的奥秘，人类深入其中，分析历史在发展过程中所呈现出的特性。人类在实践活动“真正发现历史中的古与今，是在变化中运行”，变是历史的本质特征，即徐复观所谓“变是历史的实体”②。透过变，体察人类历史发展背后的真实；透过变，揭示人类往昔看似繁杂无序的历史事件背后不竭的动力源泉。

历史之变所显现的一个重要特征就是事繁变多，并且在历史的时间序列里，“历史的特性，是一个人，一件事，绝不会再度呈现”③。徐氏认为，历史之变显露的是历史的真相。但是，若只停留在历史人事有变的一面，不寻出其变的根由，人类就会因对历史事件做不出合理的解释而为其变所迷惑。史学家如果能在历史人事的变动中发现其恒常之理，寻出贯穿时间的不变之处——这种恒常之不变是超越古今中西的时空的，“古今一也”，就找到了历史的常道，亦可谓“人类前进的大方向，人类行为的大准则”④。

什么是贯穿于历史之流中的“常”呢？如何才能把握历史常道呢？徐复观认为，人在群体中才能生存、进步。群体的生活，中国人称为人伦。人伦必建立在仁义道德之上。儒家的仁义之道，内为克制自己的私

---

① 徐复观：《两汉思想史》（第三卷），第202页。

② 同上。

③ 徐复观：《两汉思想史》（第三卷），第5页。

④ 徐复观：《两汉思想史》（第三卷），第202页。

欲，外为符合大多数人的共同利益，在承认个体人格自做主宰的基础上，向外推己及人，以承认人类群体的共有价值为目标，“使个人生活于群体利益之中，群体生存于个人精神之内。这在古今之变中，不能不承认它可以作任何人的立足点，它可以在变中端正变的方向，发生救衰起弊、去腐生新的意义”①。道德仁义规范会告诉人类，什么行为应当去做，什么行为应当加以克制。时有古今，政治、社会、人生的形态有变化，但成败兴亡的结果，必以是否在仁义的轨迹上运行为评断，且是不分古今中外的。徐复观认为，只有儒家的仁义之道才是变中的常道。

史学家要把握历史之常道，首先，就必须理解“变”与“常”之关系。史学家应明白，历史之变必有突破其特殊性而显现出普遍性的一面，即历史之常道。历史特殊性和普遍性之关系正是“显现变与常的不二关系”。具体而言，“变”与“常”应是相倚为用、不可分割的，可归结为八个字：“变以体常，常以御变。”② 其次，史学家只有通过对历史“古今之变”进行诠释，才能从中把握历史的常道，才可信其为常道，否则容易将变中的假象误认为不变之常道。例如权谋术数，如果在历史的某一横断面上看，未尝不收一时之效，但不能将之视为历史常道，史学家若是通过“古今之变”去把握，则不难发现，权谋术数在长时段的历史之变中造成多少悲剧，根本不能作为人类立足之本，也不可能成为历史的常道。

徐复观把历史看作有关人生现实的学问。他认为，历史常道的发现，即是人类在现实生活中安身立命的基本立足点的发现。在现实生活

---

① 徐复观：《两汉思想史》（第三卷），第203页。

② 徐复观：《学术与政治之间》，第7页。

中，人类必须有一个基本的立足点。有了基本的立足点，“在积极方面才有信心和力量。在消极方面，才有精神上的安全感。如果史学在价值相对化的情形之下，只能提供人类以漂浮不定的人生，那么，本来与人生关系最密切的一门学问，势必变成与人类现实生活毫不相关的东西了”①。在他看来，儒家的历史观和人生观是合一的。儒家提出的仁义礼智信，为历史人事提供了评判的标准。历史人事之流变所提供的经验教训，又反过来证验了儒家社会、人生基本规范和原则之常道。中国历史之常道，就是人在生活中对儒家仁义之道的践行，而使人之为人的良心得以发现。良心的发现程度，就是常道的显现程度。可以说，中国文化是以人之为人的良心自觉作为历史常道的立足点的。

二、偶然性与必然性

徐复观发现，人类的历史实践不是顺着逻辑推理的直线和必然性前进的，其中必有许多限制、曲折，“其中有许多偶然，有许多协调和妥协”②。在把握历史之变的过程中，史学家尤其要注意历史的必然性与偶然性之间的关系。何谓历史的必然性与偶然性呢？徐复观认为，历史的必然性就是人类的成败祸福可用行为的因果关系加以解释，即人类用理性所能把握的结果。在历史进程中，能够用理性推理的曲折复杂的大势，具有普遍性的常道趋向。历史的偶然性是指，在历史推进的过程中发生的独特的、个别的、难以把握的、结果不能为人类所预料的事件，

① 徐复观著，陈克艰编：《中国知识分子精神》，第207页。

② 徐复观：《徐复观最后杂文集》，台北：时报文化出版事业有限公司，1984年，第28页。

有的甚至不能用行为的因果关系加以解释，而形成人类理性照射所不及的幽暗面。

徐复观认为历史偶然性的存在，表面看似“是幽暗而无凭的，是不可加以信赖的”①，但史学家应承认“历史上在必然性中有偶然性；在不同的必然性的条件外，还有偶然性的条件”②。他虽认同偶然性对历史发展进程有影响，但认为如果史学家夸大偶然性的作用，对偶然性现象做必然性的解释，“这对历史便是一种侮辱、扭曲”③。徐复观指出，作为历史活动主体的人，应冲破消极宿命观的束缚，突破世俗势利之见，持积极的“为仁由已”的态度，重视个人自由意志之作用，把握人类历史进程中所有的活动、行为、精神的过去。人类对历史的观察及把握，应该从看似混杂无序的历史现象中抽离出来，在历史之流的节点上，给具体历史现象所显现出的理性与非理性、必然性与偶然性划分界限，尽管必然性与偶然性的认定、划分因个人认识、立场等的不同而各有不同，但是“把历史的必然性和偶然性划分一个疆界，就是每一个史学者最后的到达点”。只有以“最后的到达点”为指向，才能看出“历史中的‘应然’的方向”④。

徐复观认为，史学家可以概括“应然的方向”，看出历史发展的必然性、规律性。然而，历史发展所显出的必然性的规律，并没有如物理学一样的“铁律”，“自然规律的因果关系，是必然性的关系；即是其有

① 徐复观：《两汉思想史》（第三卷），第200页。

② 李维武编：《徐复观文集》（卷一），武汉：湖北人民出版社，2009年，第2页。

③ 徐复观：《两汉思想史》（第三卷），第200页。

④ 徐复观：《两汉思想史》（第三卷），第202页。

某种条件的因，必然得到由某种条件所造成的果。历史是人类自己造成的，人类有意志，意志有主动性，又有伸缩性”①。人类有自由意志，在动心起念之间，对历史事件可能做不同的反应，既可能创造顺应历史规律的条件，也可能创造违背历史规律的条件，但呈现了规律性的趋向。

徐复观发现，在历史的演进过程中，作为主体的人，既是理性动物，又是不能完全实现理性的动物。人类自身特质使历史发展中常常出现理性与非理性之争，这使历史无法避免曲折。虽然非理性能蒙昧人类于一时，但最终还是理性主宰人类历史进程。当人类理性觉醒的时候，即是历史规律重显光辉的时候。在徐复观看来，提出良心之教的中国文化，发现了历史规律之所在，能为中华民族历史发展常道提供理性的支持，因为“中国文化，不认为理性是来自任何教条、任何神佛，而是植于每一个人生命之中，为每一个人所固有。这一理性的基本作用，即在于能辨认何者为理性，何者为反理性；并同时爱好属于理性的，厌恶属于反理性的。理性及其作用，既为人所固有，便不会受任何法术的永久欺骗”②。

徐复观指出，不管任何民族，每当出现危机之时，或在与新文化或新事物骤然接触时，常常因情绪激动发生反传统价值的现象，抵制传统价值所奠定的正常，采取抵抗性、反叛性的新态度、新方式。但正常之所以为正常，第一，必为多数人平静时的心性所接受；第二，必合于个体与群体共同生存的需要——这种需要会随时间、空间的变化而改变。

① 徐复观：《徐复观最后杂文集》，第313页。
② 徐复观：《徐复观最后杂文集》，第314页。

当传统的正常受到抵制时，势必产生某种形式的反省。在反省中，有的传统被淘汰，有的传统被再肯定；新的东西某一部分被淘汰，某一部分被吸收。再肯定与新吸收的部分两相结合，即会形成新的正常，促成新的安定与进步。由此可见，“由反传统而向传统复归，以形成新的传统，这可以说是人类的天性，是历史的规律”①。中华民族的历史，就是在文化精神的“流注贯通”过程中，经过不断的反传统及传统再形成而延续下来的，由此显现出历史之变中不变的常道，显现出必然的内在发展规律。

第二节　历史动力论

一、心性史观

是什么力量在背后推动历史变迁，并成为决定人类历史发展的动力之源呢？不同人的不同回答构成了我们了解其历史观的重要依据，以及界定其历史观唯物还是唯心的标准。

徐复观认为，形成历史动力的前提是人性有自觉。人对其生活形成一种自觉，进而发生态度上的选择和价值判断，便有了文化的产生。文化意识主导着人对生活方式的选择，从而产生文化，形成文明。同时，

① 李维武编：《徐复观文集》（卷一），第12页。

文明的发展会影响文化。两者相互作用，编织了整个人类历史的进程。文化之衰落，亦为文明之破坏。无论文化还是文明，都是人创造的，都源于人性之自觉。人性在本质上没什么区别，因而文化在本质上也没有分别，然人性总是有着多样性的表现，并且因外缘条件有所不同，所以不会全面性地发展，成就的只能是某些方面，因而形成了不同的文化性格——产生了中西两种不同的文化基本性格。

基于共有的人性自觉而因条件、环境不同而不同的中西两种文化，发轫之初在动机方面已经显现出极大的差异，而形成不同的性格。所谓动机不同，是指西方文化形成的动机是好奇，中国文化形成的动机是忧患。由于好奇而产生对宇宙自然的兴趣，继而思考，从而形成了以外在自然为思考对象，成就科学的“知性”文化。因为忧患意识，中国文化以人自身为思考对象，为己之学的目的在于践行伦常，因之产生了道德上的“仁性”文化。

“知性”文化和“仁性”文化体现出人性的不同方面，开辟了不同的历史道路。走“知性”一途的西方文化，自启蒙运动以来，走的不是对人的本身负责之路，而是对人应有的权利负责，到宗教上去求人的道德根源，人的存在价值不在本身，主要通过物的价值表现出来，由于科学的发展，其文化、文明都呈现出不断进步的趋向。与之不同的是，偏向“仁性”的中国文化，关注的是人的行为如何才有价值，将人的道德根源“安放”在人之为人的良心之上，“学”处于辅助的层次，主要作为德性的印证，“人生的价值，主要表现在道德、宗教、艺术、认知等活动之中”①，相比西方文化的进步趋向，中国文化历史进程给人以循

① 李维武编:《徐复观文集》(卷一)，第21页。

环不前之印象。徐复观认为，推动两种文化的不同趋向的终极根源，是人生价值立场上的差异。

徐复观认为，中国文化既然认定人生的价值根源在人的良心，那么良心就是推动中国历史发展的终极动力。他强调，人类对自己能做主宰的“良心发现的程度，决定历史中的治乱兴衰”①。推动中国历史发展的终极动力良心，在他看来有以下三方面的特质值得注意：

其一，良心是人人所固有的道德之心，人类历史的进程就是人人通过克己自省的功夫克服习心，发现良心的过程。徐复观认为：“就人类整个的历史、社会而言，绝大部分，是生活于习心之中。”何谓习心呢？他定义为：“所谓习心，是心的知识的一面，顺应着生理欲望，在生活环境中，由刺激、反应，所积累起来的习惯之心。”良心存在的价值“就是在某种程度上渗入习心，或断续的出现在习心活动的间隙，给习心以规制，以维持‘人作为是一个人’的地位，及人与人相互间的谐和、关切”，通过“道德的自反而超越私人利害情感一分，习心消减一分，则良心即呈现一分”②。良心呈现的程度即是自我反省功夫体现的程度。自我反省的功夫“是人类向内的自我肯定，有了这种自我肯定，才能真正把握与自我密切相关的问题，而产生不能不担当责任的热情与毅力。同时，自反是向内的自我建立，由这种自我建立，然后能了解除内在的矛盾，为解决问题找出一个可以无待于外的开端，产生可以解决问题的真实力量。因为凡是从根发的，从内发的力量，才是不可抵御的

① 徐复观：《徐复观杂文：看世局》，台北：时报文化出版事业有限公司，1980年，第137页。

② 同上。

力量"①。因自我反省功夫而显现的自我主宰之良心的内在能量，是推动历史发展的不竭动力。

其二，良心即是人人皆有的"恻隐之心""利他心"，此"心"体现出"为仁由己"的自我主宰性和"涵融"性特征。自我主宰性可谓良心的"主体性"，价值存在于每个人的生命之中，可以由个人实现。人人能做到，故有主体性。中国文化之"心"体现在个人生命价值之中，同时"涵融"有社会的价值，故亦体现出社会性，此社会性可称为群体的"涵融"性。徐复观认为，通过理性主宰之良心存天理而灭私欲，即是良心之"涵融"性的呈现。个体与整体之间互相涵摄，互相成就，"推己"而"及人"，从个人德性功夫的伸展磨砺到"心"的社会实践性的融合、扩充，使人生伦理价值在现实生活中践行。

其三，良心亦可称为"虚灵不昧"之心。"不昧"主要是就良心能突破各种障蔽而不陷于昏昧来说的。所谓"虚"，徐复观认为是对"心"的无限"收藏力"而言。"心"不会像一般仓库，是永远装不满的，是"虚"的，如荀子所说"不以所已藏害所将受"，能对知识作无限的收藏。所谓"灵"，徐复观认为是对"心"的感应能力来说。"心"的感应，和其他官能的反应不同：第一，它不受时空的限制；第二，对于它所感应的，还能以是非善恶做出判断，在不自欺、不被欺的情形下，这种判断，是"人同此心，心同此理"的，可成为客观、普遍性的判断。良心之"虚""灵"，就是人类通过知识的学习积累和感官经验的判断，以澄清"不昧"，成为推动历史发展的动力。

① 李明辉、黎汉基编：《徐复观杂文补编》（第六册），台北："中研院"文哲所筹备处，2001 年，第 6 页。

以道德良心为价值基础和历史终极动力源的中国历史，为什么走不出治乱兴衰的周期循环呢？徐复观认为，由道德仁心所推动的中国历史文化，在现实中可由融合感通而起安定的作用，然其流弊则是沉滞、臃肿，一直退堕，而至迷失本性："中国的历史，因为智性不扩展，技术不进步，不能够造出足够的物质，以支持此一仁的文化，这正是中国文化的弱点，这正是今日要急起直追的。"①

徐复观指出，中国历史要摆脱治乱兴衰周期循环的困境，"一方面应接受西方文化，以造成能足够支持仁的文化的物质条件"，有物质保障，肯定人之为人的物欲需求，使人格尊严的自觉独立具备物质基础，使道德客观化为法治，并由此脱离两千多年的专制政治道路，使中国历史发展走出治乱兴衰的循环，走上发展之常道。另一方面，中西两种文化性格，由于人性自觉之条件、环境的差异，走向了不同的发展道路。中国历史今后的发展，应以物质来弥补"仁性"之不足，走中西互相融通、借鉴的道路，得人性之全。"由对于自己文化的虔敬，以启迪、恢复自己的人性，使自己能成其为人，更以此而诱导世界，使世界得中国复性的仁的文化的启迪，而在现代欧洲文化中，加入融合安定的因素，以造出更适合于人类自己的文化。"②

二、进步史观

徐复观认为，人类精神发展的进程显现出的是理性与反理性之间复杂的"破坏与建立互为因缘的"的复线模式，"是在抗拒中前进的，在

① 李维武编：《徐复观文集》（卷一），第193—194页。
② 李维武编：《徐复观文集》（卷一），第194页。

抗拒中更可把握历史的全貌"①。虽然理性的力量长期以来为非理性的力量所压迫，人类精神的变化时常偏离理性的轨道，但我们还是"应该信任人类的理性，相信人类的生存发展，乃是循理性的线索往下发展"②，理性是人类命运的支配力量。他认为人类历史与理性一样，是在矛盾与斗争中发展，体现着善与恶、消极与积极的种种趋向，"是一种迂回曲折，把前进与后退，光明与黑暗，经常混合在一起的历程"③。但就历史的发展趋向来看，是不断向前进步的。历史进步的理念"可以说是事实的反映，也是人类的希望和目标，甚至也可以说是历史中最重要的动力。没有进步的观念，没有进步的目标，我相信许多历史中向上向前的努力便会停止。因此，不论个人或团体，都应为进步而努力，这是不应当有疑义的"④。

他认为，科举制出现后，知识分子集团的精神在现实中节节下坠：只知有个人功名利禄，不复知有人格、学问、社会、国家，顺着科举向八股文演进的历史，是中国知识分子在现实中无底堕落的历史；然从另一方面来讲，宋明理学是反科举与反知识分子堕落的运动，从讲学中开出与政治保持一线距离的活路。历史发展在政治层面由于专制压制而形成了从众化、消极、倒退的形态；而在理想层面上，知识分子还是通过讲学与政治保持间距，开出经世之路，显现出积极进取的精神形态。进与退、积极与消极，在历史进程中"道并行而不相悖"地发生着，同时，由理想主张所生发出的潜藏着的进步观念，也在形成并发展着，会

① 徐复观：《两汉思想史》（第三卷），第239页。

② 徐复观著，陈克艰编：《中国知识分子精神》，第220页。

③ 徐复观：《徐复观杂文：看世局》，第308页。

④ 李维武编：《徐复观文集》（卷一），第16页。

代表历史的主流趋向。

徐复观虽也承认历史发展的趋势是进步，但他认为，如果一元线性的进化史观所形成的话语霸权统摄着人类生活的一切领域，会因进步观念的滥用、误用引起混乱，给社会生活造成不良影响。西方的基督教有“天国”的理想，认为只有“天国”才是完美和正义的世界。这其实表现出的是把人类的一切希望寄托在未来之上，作为信仰的基底，可以说是古典进步观念的表现。随着启蒙理性观念的产生与科学技术的发展，尤其是达尔文《物种起源》一书确切地证明了人类不断在进化和进步，孔德、黑格尔、斯宾塞等人都相信，理性完美无缺，科学技术征服自然并推动人类不断进步。然而在徐复观看来，进化史观充满西方中心论的偏见，以西方历史文化作为衡量世界文化的唯一尺度，认为世界的文化都是同质的，只有时间上的前进或落后，而无异质个性文化并存。他进一步指出，所谓的进步史观是以时间作为标准来判断的，凡是直线前进的便是新的、好的，但时间只是一种形式，不能构成判断思想价值的标准。在时间之流中，一切人类，都不过是走向未来中的一环，都是进步的手段和工具。徐复观援引别尔嘉耶夫对进步观念的反思，认为过去和现在都指向未来，在未来“天国”尚未到来之前，过去、现在都是无意义和价值的。

徐复观承认，主导人类文明的科学技术在改进人类生活方面不断地进步，但作为价值系统的文化是否适用“进步”观念值得思考。他认为，科学系统的文明成就的是知识，主要告诉人们这是什么、那是什么，科学知识可以随着认识的加深而趋向进步；然而作为价值系统的文化，成就的是道德，告诉人行为应当如何、不应如何。以文明代表的科学系统和以文化为代表的价值系统虽有密切关系，但不构成必然的因果联系，不能认为文明程度很高，文化程度就高；亦不能说文化程度高，就代表文明进化程度高，事实可能未必如此。

历史进步观念适用的范畴、限度何在？徐复观强调，历史进步观念并不具有普适性。因为历史的演进常常走的是曲折的路，尤其是人的智慧与行为，更不能以简化的进化观念来推论。任何与人类有关的观念、理想，“凡属于‘价值’层次的事物，不能轻易适用进步的观念”①。他认为，物质层面上量的累积和科学技术上质的改变，毫无疑问，适用进步的观念；但宗教、道德及艺术领域，“进化的观念，在文学、艺术中，只能作有限度地应用。历史中，文学、艺术的创造，绝对多数，只能用‘变化’的观念加以解释，而不能用‘进化’的观念加以解释”②。

徐复观并非完全排斥进步观念，认为在艺术、文学等领域“有限度”地“应用”进步观念，在价值层次上，并非完全排斥进步观念。以艺术领域为例，徐复观认为，在艺术范畴使用“进步”一词，要看是从哪方面入手。如果说是因技术进步而得到表现手段上的自由，使艺术的形式、种类更为丰富的话，是能用“进步”来形容的。但史学家需要注意的是，艺术形式、种类的丰富，只是“量”上的增长，“量”的增长并不代表“质”的提升。从“量”上来讲，并不能说明艺术在“价值”精神层面具备“进步”意义。比如说现代艺术的形式、种类，不是石器时代的艺术所能比拟的。但现代的绘画，能说比在西班牙、法国所发现的石器时代的洞穴彩画进步吗？

进步观念的适用之所以多有限定，可以从人性上找到根由。徐复观

① 李维武编：《徐复观文集》（卷一），第18页。
② 徐复观：《中国文学精神》，自序一第3页。

认为，人性自作主宰之“心”是一切价值的根源及归宿。对价值层次的事物滥用进步的观念，会消减某些事物内蕴的超越性的价值，把人生的境界降格到经验和存在的层次，把人之为人的主体价值物化。

第三节　历史变动中“人”的主要影响

徐复观认为，人自身的条件和自然条件会影响文化发展的方向、历史演进的趋向。相较人自身的条件，地理环境、经济情况等外缘条件，只是影响历史文化发展的诱因，仅能算是第二义的，人才是历史活动的主体。人本身及因人性之自觉而形成的文化精神和创设的政治制度，才是影响历史演进的主要因素。

一、士人群体

按照中国传统社会士农工商的四民阶层划分，就群体数量而言，农工商三个阶层无疑是推进历史进程的“沉默的多数”。徐复观认为，士人群体在四阶层总人数中所占的比例虽微乎其微，但对民族生存发展的影响力尤巨，“依然可以决定中国历史，因为决定命运的政治与文化还是在这般人手里”①。

徐复观认为，推进历史进步的功劳应归结于两类士人群体。一类是

① 李维武编:《徐复观文集》(卷一)，第90页。

识时势的俊杰，“这种人以‘鹰隼击高秋’的精神，抓住每一个可以利用的新鲜事物”，紧跟时代的潮流。另一类堪称引领潮流的圣贤，如孔子、朱熹等大儒。圣贤之人的特征是：“在他向高处看，向深处想的当中，摆脱了眼前的、局部的、利害的束缚，亦即摆脱了‘大小’‘冷热’的束缚，而浮出了人类大利大害的慧眼与责任心，以形成充实人生、社会的思想文化。”①

徐复观虽然承认精英圣贤引领历史潮流的发展方向，但他们毕竟为人之少数，且少之又少。相对于引领潮流、奋进的少数士人，两千多年封建社会中的绝大多数士人，“人格最为破产，在历史中，由知识分子所发出的坏的作用，绝对大于好的作用”②。从总体上看，消极作用大于积极作用。徐复观之所以对士人群体的人格予以剖析和鞭挞，对士人群体影响历史进程的总体评价持批评态度，是基于以下两点原因：

其一，士人群体的性格来自其所承载的文化性格。相比西方知识分子求真求实、非功利性的知识追求，中国文化精神的指向是成德之教，而非求取客观真理，这就导致中国士人群体缺乏“为知识而知识”的传统，也缺乏对客观求真的追求。人类求取知识的对象是外在之物，因此，衡量的标尺亦为外在之物。外在之物是可以用方法来证验的，知识由此获得累积。而中国文化所讲的道德根植于每个人内心，无客观的标准，只能自验于良心。但良心无法求证于外在之物，“只好看自己而不能看他人的格局，若不向上升起而系向下坠落，便可一转而成为只知有

① 徐复观著，陈克艰编：《中国知识分子精神》，第168页。
② 李维武编：《徐复观文集》（卷一），第104页。

己、不知有人的格局，恰合乎作为自然人的自私自利的自然愿望”①。

其二，历史环境会对文化产生影响，进而影响士人群体的精神风貌。古希腊的知识分子，因富足的生活而有精神的闲暇，形成了为知识而知识的传统。古希腊哲人关心政治，是将政治看作一种可参与的社会活动，当成学术研究的对象，并非个人发展的唯一出路，这保证了他们的独立性，以独立个人立场、社会立场去谈政治。近代以来，资本主义的发展为知识分子提供了政治之外的立足点，并拓展了先前的哲人所想象不到的活动范围。相较于西方知识分子，中国士人群体的显著特征有二：一是“游”，二是“养”。“游”说明他们在社会上无立足之基，“养”说明寄人篱下是其生存之道。两汉时期，“乡举里选”的选才标准开始实施，主要以贤良、孝廉为标准。评定取决于社会舆论——清议。清议对士人的道德、行为提出要求，为取得乡曲之称誉，士人必须砥砺名节。士人的征辟，是社会与朝廷共议，士人要进入朝廷，须先得到社会的认可，因此士人不能脱离社会。至魏晋，陈群立九品官人之法。虽有门第、阀阅的问题，但门第也受清议约束，保证了士人从政之独立性。在徐复观看，科举制的破坏作用大于建设作用，使士人只着眼于与个人精神基本无关的文字，和中国文化基本精神脱节，对文化无真正的责任感，进而使得成就人道德行为的文化精神沉没浮荡而无所依附，消磨社会智力而导致举目皆为“文丐”“文犬”。总而言之，科举制把士人群体导入利禄一途，破坏了廉耻礼义的准则，使士人群体与现实社会脱节，人格日趋卑贱。士人群体将人生精力束缚于一条窄路之中，一生都不能从功名利禄中解脱出来，得到多方面的发展，这是中国

① 李维武编：《徐复观文集》（卷一），第91页。

文化发展过程中的一大漏洞，一大悲哀。士人群体突破不了封建专制，只能在此专制下作补偏救弊之努力。

近世海通之后，中西文化交流日渐频繁，中国的历史发展面临新局面。徐复观认为，面对新局，传统士人群体角色定位面临转型，历史发展之情势亦赋予士人群体不同于往日的新职责。徐复观强调，作为新式中国知识分子，责任在求得各种正确知识，把自己认为正确而为现实所需的知识传播到社会上去，以进一步发展、丰富我们国家、人类发展所需的知识。他认为，要以知识影响社会，现代知识分子必须做到两点：一是把知识和人格结合在一起。上焉者则知识是知识，行为是行为，两者分隔开来，却以人格的力量和学术的良心为背后的支撑；下焉者则歪曲知识，将之作为趋炎附势的利禄之具，虽标榜知识“客观”，却玩以诈术替代知识的把戏。二是知识分子应将自己“消解”于对知识的追求中，树立求知求真高于权势的理念；应立足于社会，在自己的本分内贡献对国家、民族的一分力量，尽到“成为一个‘堂堂正正的人’的责任”①。

二、“低次元”与“高次元”的传统

徐复观认为，传统是由人类所创造，得到群体多数人承认，经受长时间的考验而形成的数代相传的某一群体、民族生活上所共有的方式和观念。他指出，传统具有五个基本特征：民族性、社会性、历史性、实践性、秩序性。五个方面缺少一个，就不能成为传统。民族是由血缘、

① 李维武编：《徐复观文集》（卷一），第104页。

语言文字等诸多要素结合在一起形成的，民族共同体是传统产生的基础，民族意识的觉醒必然伴着某种程度的传统意识的觉醒。社会性是指传统是生根于社会之中，是多数人于不知不觉间共同创造而约定俗成的。因具有社会基础，所以，传统与人们的生活相关联，存在于大多数人的生活中，对人的社会实践产生影响，因此显现出实践性的特质。在人的社会实践中，因传统为约定俗成、群体共同承认的规范、仪式，形成了一种生活上的秩序，因此体现出秩序性的特征。此外，传统的形成是一个不断积淀的漫长过程，也就带有历史性的特点，从某种程度上讲，传统与历史是不可分割的。

史学家如何了解传统对历史发展的影响呢？徐复观指出，必须透过传统了解中国文化的层级性特点；不了解中国文化的层级性特点，便很难接触到中国文化的本质属性。层级性，是指同一文化在社会生活中体现出不同的横断面。中国文化以体验性为主要特征，透过现实生活中的某一体验产生的某一横断面上的认识，只是人性自觉意识的某一方面、某一层级的认识，横断面与横断面之间有“很大的距离”，这“很大的距离”，有的为“背反”的，有的带着很微妙的贯通关系。但无论是“背反”还是“贯通”，都有机统一于“心”的文化之中。徐复观借用日本哲学家务台理作在《历史哲学中的传统问题》中提出的观点来分析传统在整个文化中的意义。他将传统对历史发展的影响划分为“低次元”和“高次元”这两个层级，二者交互作用。他强调：“传统的横断面可分为两个层次。一是‘低次元的传统’，另一是‘高次元的传统’。”①

① 李维武编：《徐复观文集》（卷一），第9页。

所谓“低次元的传统”，是指某一民族世代相沿的风俗习惯，此传统静态存在，多为“百姓日用而不知”，富于保守性。其中的糟粕与精华皆如黄河之水，挟泥沙而俱下，某些方面可以适应时代，某些方面已被时代淘汰，缺乏改进、批判的能力。所谓“高次元的传统”，是指经过对“低次元”传统中某些风俗习惯的批判、反思，以发现隐藏其后的某种原始性的精神及目的。“高次元的传统”常常是由某一民族的大人物，如宗教创立者、大艺术家、大思想家等，创造出来的，是一种精神的存在，不可目见而可耳闻。“高次元”与“低次元”传统之间的关系是：“低次元”是“高次元”形成的基础，通过对“低次元”的批评、反省而发现“高次元”；“低次元”是静态的，“高次元”是动态的；“低次元”具有现实性、世俗性的特质，而“高次元”具有理想性、超越性的特质。总而言之，“低次元”与“高次元”传统在时间之流中交光互影，“高次元”传统不断影响、整合、裁汰落后的陈旧的事物，吸纳新鲜的进步的事物，消解高低两个层级之间的冲突，在继承上超越一些原有的属性，使旧传统因吸收新事物而得以发展，形成具有活力的新传统，带给历史以新的生机和力量。

对传统横断面层级的这种划分，亦可了解传统之于文化的意义。文化可以分成两个层次：一是“基层文化”，二是“高层文化”。“基层文化”是指人类在现实社会中所传承的“低层次的传统”。“高层文化”则为少数知识分子为知识的追求、个性的解放、新事物的获得、新境界的开辟所做的努力。“基层文化”与“高层文化”之间的关系为：两者通常处于不断的矛盾冲突中，“基层文化”体现出的是无意识性、保守性、大众性、社会性；“高层文化”则是由知识分子个性觉醒、打破传统得来，体现出的是有意识性、向前性、解放性、精英性。无论哪种文化，都一定是由“基层”与“高层”两个层次所组成。可以说，没有无“基层文化”的民族，也没有无“高层文化”的民族。没有“基层文化”，民族漂浮无根；没有“高层文化”，民族会僵滞而消亡。“高层文化”与“基层文化”虽冲突不断，却能并存，言其要因，在于人的需求。人是理性与非理性并存的复合体，既要求进步，又要求安定；既想自由，又要有规则；既喜新，又念旧。

徐复观强调，人类历史潮流的发展动向，如同文化层级一样，有表层，也有基底。表层与基底虽然紧密相连，但呈现出不同的面貌，一般人对浮在时代表层的历史潮流容易感知，对历史基底暗流的感知却很模糊，甚至毫无知觉。但真正拥有决定性的力量，使人类于不知不觉之间在感情上受到最大感染的，却是社会潮流的基底。所谓社会潮流的基底，即是徐复观所说的“中国文化的伏流”①。这股伏流不表现在思辨观念上，而是浸透于社会生活之中，如同地下的泉水，虽不为人所见，也是“百姓日用而不知”，然一旦发掘，便成泉涌，经人之反省，观念便有自觉。这股文化的伏流，发于人类忧患意识之召唤，虽然“常被腐蚀于政治之上，却被保存、更新于社会之中。这是我们文化发展的大线索”②，也成为民族文化精神生命充满生机、延绵不绝的源头活水。所谓“礼失求诸野”，中国文化伏流必求诸社会生活，求诸中国基层的民众。因此，史学家应特别注意庶民文化精神对历史发展的影响。徐复观认为，如果以外表来看农村，则农村面貌是落后的，然“若就一般农民作人事的基本精神而论，则我觉得不仅不是落后，而且是中国能支持几

① 李维武编：《徐复观文集》（卷一），第26页。
② 李维武编：《徐复观文集》（卷一），第28页。

千年的一种证明；也是中国尚有伟大的潜力，尚有伟大的前途的一种证明”。透过浸润在广大群众生活中的礼仪、人情，尤可见“中国的农村，不是由鞭子所造成的冷酷黑暗，而富有温暖光辉，以积蓄发展民族的生命，这实在是支持中国历史的主力”①。

徐复观庶民文化史观的形成，与他早年艰辛的农村生活经历有莫大的关联。时代变动使他产生了无根、彷徨与花果飘零的悲郁心境，进而引起对归根乡土和溯源文化本根的双重认同，形成强烈的文化根源意识，由此愈发领悟到以乡土及广大庶民为“基底”的历史文化对历史发展的意义之所在。

第四节　历史价值功用论

徐复观讲历史，将历史与文化两个概念连为一体。历史是文化产生的基础，文化的产生是历史“积累”的结果，没有历史，便没有文化。不承认中国历史中的文化价值，即等于承认中国现时没有文化，也就是根本没有精神。要了解传统文化的价值，必然要研究历史中的文化问题。徐复观以思想史的路径溯源传统文化，据史以言理，以严谨缜密的考证为手段，以现实生活经验为指引，切入对古人精神世界的研探，引古以筹今，从历史中寻找规律，以图发现指示未来走向的“明灯”，体现出了极为强烈的重史意识，对历史的价值功用形成了自己的一套看法。

---

① 李维武编：《徐复观文集》（卷一），第191页。

一、经世鉴戒

中国传统史学对现实的关切一直比较突出，强调史学著述的目的在于经世鉴戒。司马迁“考信于六艺”，以期“居今之世，志古之道，以自镜也”。刘勰认为史学家的责任在于“表征兴衰，殷鉴兴废”。司马光“专取关国家盛衰，系生民休戚”之事，以资当时得失之鉴。章学诚批评乾嘉考据是务于琐碎之学，而倡扬史学经世之主旨。徐复观对传统史学经世观念颇为心契，他说：“中国传统的学问，本是以经世致用为目的的；因此，中国学问的本身，两千余年来，本是以对现实问题负责所形成的‘思想性’为其主流的。”① 他认为，历史研究就是要让传统文化中的“思想性”主流“复活”，对时代问题负起应有的担当，对现实问题的思考为史学家终极关怀之所寄。徐复观的历史经世思想主要包括两个方面。第一，强调历史的鉴戒功用，认为史学的价值在于“鉴往知来”，“各种程度、范围的鉴往知来，乃是人为了能够生存下去所必然发生的要求”②。具体而言，现实是过往的延伸，历史是业已“凝固”的往事，往昔虽已逝去，但于历史的积淀中可以寻到内在的精神联系。史学家只有立足于过去、现在和将来的历史之流中，才能知晓，任何创造都要沿着历史的线索走。走对了，便向前发展。通过对过去的探索，才能了解现在，预计将来，“而此种预计一定是以过去若干经验作基础才能生活下去，连一个家庭主妇也不能例外。尽管这种预计永远是在修订

① 徐复观著，胡晓明、王守雪编：《中国人的生命精神：徐复观自述》，第52页。

② 徐复观：《学术与政治之间》，第230页。

之中，但只有鉴往知来的预计才能有修正的可能”①。第二，徐复观认为，史学家鉴往知来，应从传统文化中汲取思想养分，为纠偏现实问题助力。必须“是在文化批评中推动前进，取消了批评，便取消了文化，便失掉了人类前进的推动力”②。近世以来，在以西方进化论为尺度对历史文化传统进行评估时，受情感影响的主观论断和求真求实的客观认知缠绕在一起，导致近世，尤其是自“五四”新文化运动以来，立场和文化主张不同的学者对传统文化的研究都带着特有的价值判断和期许切入，以诠释传统来论证其主张，而甚少厘清传统的本相。这导致传统与反传统拉锯对立，情绪化的辩解压倒了对知识的探求。在西化派看来，传统是专制之帮凶，传统的经世价值已被证明无用，应完全摒弃。西化派将传统视为“国故”，要“证明‘国故’之一钱不值”，否定传统文化价值观念，以实现全盘西化的目标。在徐复观看来，传统不需要反，而是需要清理。传统文化在今日是否有价值，有生命力，“就看它对现状还能不能发生一种批评、鼓励的作用。文化对现状不能发生批评、鼓励的作用，这个文化就没有生命了”③。以儒家文化为主体的中华文化，向来都是推动历史向前发展的进步力量，传统文化的内在精神可证其于今日还有留存的价值。对于今人来说，不断实践和反省，发挥传统文化的精神，“则我们在传统文化中，自然可以看出人类应走的路”④，从而给予现代生活以力量。

---

① 徐复观：《学术与政治之间》，第32页。

② 徐复观：《徐复观杂文：忆往事》，台北：时报文化出版事业有限公司，1980年，第117页。

③ 徐复观：《徐复观最后杂文集》，第421页。

④ 徐复观：《徐复观最后杂文集》，第103页。

总而言之，面对西学冲击，徐复观强调历史鉴往知来的作用，就是要积极地利用传统文化精神资源，考辨、阐释传统思想变迁之迹，揭示传统民族文化精神凝结、发展之途。徐复观坚守民族文化自身特殊的立足点，在传统向现代转型时，从传统文化中提出弥合新旧、中西的经验和策略。

二、道德褒贬

传统史学素来讲对历史人物进行道德伦理褒贬、惩恶扬善的劝诫功用。孔子修《春秋》，“婉而成章，尽而不污”，以起“惩恶而劝善”使“乱臣贼子惧”之效力。司马迁可谓深得孔子修《春秋》精神之三昧，对《春秋》的评价暗含其修史的准则。司马迁将《春秋》看作“礼义之大宗”，认为修史最重要的目的是“善善恶恶，贤贤贱不肖”，道人事之义，明了人事之是非。刘知几亦强调，史学之用在“申以劝诫，树之风声”。韩愈曾说作史的目的是“诛奸谀于既死，发潜德之幽光”，这不仅是韩愈修史的个人志趣，也是孔子作《春秋》以“贬天子，退诸侯，讨大夫”的目的。徐复观承继儒家道德鉴戒史学传统，彰显历史自身所具有的褒贬善恶、求善去恶的道德训诫价值。

徐复观认为，研究历史就是从一大堆看似杂乱无序的材料中提炼出大秩序、大方向，人类可“顺着此大秩序、大方向，作继续无穷的演进，并由此而更有力地表达了褒贬善恶的意义”①。

历史是一面镜子。徐复观认为，人类要有前途，须趋善去恶，然而

① 徐复观：《两汉思想史》（第三卷），第170页。

现实中，一般人一时之间难以辨别清楚行为的善恶，而把人的行为放在历史长河之中，让影响善恶判断的因素慢慢消逝，行为的结果就会随之客观地显现出来。于是，历史自然成为照出是非善恶的镜子。历史的经验，成为建立人类行为规范的根据。

三、培养民族情感，激发爱国热情

徐复观强调，一个民族的历史文化为该民族得以团结之精神纽带，史学家的责任就在于阐明传统历史文化的基本精神，以增强民族凝聚力，培养民族情感，激发爱国热情。

首先，历史可以使民族集体记忆认同得以强化，维系本民族文化精神之延续。“一个失掉记忆力的人，他会变成白痴；失掉记忆力的民族，一定是堕退为原始状态而不能继续生存下去的民族。”“历史意识的强弱正说明某一民族生命力的强弱。”① 要强化民族历史记忆，必须“从两个地方生根。一个是土地，一个是历史。一个民族除了在自己土地上生根，它还需在历史中间生根。在自己历史中间生根，意义表面上好像看不出来。有一点可以看出来，就是帝国主义到那一个民族的时候，一定要想法子消灭其历史，改变其历史”②。只有民族文化的精神价值在自己的历史传统中生根并延续生机于不坠，国民才得以产生对民族和国家的认同。

其次，历史的价值在于固守对本民族文化价值的认同，尤其是面临

---

① 徐复观：《学术与政治之间》，第 32 页。

② 徐复观：《徐复观最后杂文集》，第 391 页。

民族巨变时，历史人物的忠贞气节和精神激励，能“标示黑暗中的方向”①，激励国民爱国，增强其民族归属感。抗战时期，陈垣作《通鉴胡注表微》，力扬“有意义之史学”，利用胡三省在元人统治之下所激发出的民族情感表明居夷处困仍坚守民族气节。徐复观对陈垣通过史学明“意义”，弘扬爱国精神特别赞同。他对余嘉锡在抗战时著《杨家将故事考信录》的爱国举动亦特别欣赏，认为余嘉锡以其精博平实、不务声华的治学态度，在宋元杂剧、话本里发掘爱国精神，“更推而叹圣人之教，入人之深，维系国家民族于不敝的恩泽之大且博；这与克罗齐所说的‘只有现代史’的史学思想，完全相合”②。

最后，史学家应重视方志文献的整理工作。因为梳理地方文献，推崇地方的贤人名士，可以使国民通过乡土之爱而与祖国的山河大地发生特别亲切的关联，从而保持对民族的热爱，激发、凝聚民族的意志，规整、策励努力的方向。这在今天来说，也有重要意义。对于文献的价值，“站在整个国家的立场来看，只有普通的意义；但站在乡邦的立场来看，则除了普通的意义以外，还常常可以发现它有特别的意义。甚至有的文献，站在整个国家的立场，容易加以忽略遗忘；但站在乡邦的立场，则自然会加以重视，加以珍惜。所以对乡邦文献的提倡，可以把祖宗创造历史的心血，更完整、更亲切地传承下来，以增进我们生活的内容，增长我们创新的志气”③。

---

① 徐复观著，陈克艰编：《中国知识分子精神》，第89页。

② 徐复观著，陈克艰编：《中国知识分子精神》，第94页。

③ 徐复观：《徐复观文存》，台北：台湾学生书局，1991年，第324—325页。

四、从历史意识反省中找寻思想资源

徐复观认为，史学家如果想对20世纪以来中国传统文化的巨变和困境有所了解和把握，必须将历史经验和时代经验结合，应该明白，在变动转折的时代，凡是能于颓废中恢复生命力和精神，以创制或吸收新文化的民族，无不先从其最亲切的文化系统中得到启发。20世纪上半叶的中国，处于大变动时期。徐复观身处其间，是这段历史的见证者与体验者。切身经历和悲情体验使以徐复观为代表的新儒家学人认为：中国的现实问题，从根本上应归结于文化问题。要解决文化问题，徐复观认为，必须求诸历史经验，“只能顺着已走的路去连接未来的路，等于数学是要靠着若干已知数去求未知数一样”①，只有这样，我们才能把个人的生命融入民族、社会，及连接过去与未来的历史感觉之中，以调整我们文化的大方向。只有顺承历史的记忆，以当下为立足点，消除怀古与开来之间的鸿沟，我们才能了解“历史是给我们走向未来的立脚石……历史是人类理性共同生活所逐渐蓄积的财产，我们能真正继承多少，也就暗示我们能真正为未来构想多少、创造多少”②。只有将历史经验和当下经验相结合，以“复性”“归仁”作为中国文化的真精神，“使大家先能成为一个有自觉之人，因之，也便是能成为一个有生命力之人，才能说得上对于世界文化加以抉择，加以吸收”③。

① 徐复观：《学术与政治之间》，第31页。

② 徐复观：《学术与政治之间》，第32页。

③ 李维武编：《徐复观文集》（卷一），第191页。

徐复观认为，历史以整个人生、社会为研究对象，而人的行为活动处于社会所构建的复杂的意义价值系统中，人在创造历史的同时，也为传统所制约。人是历史的中心，人的主体性的确立和人格的自觉，是历史存在的基础。既然历史以人为关注对象，对人价值的评估，“是在历史中间启发出来，并且是由历史来测定”①，因此，历史的价值必然体现在对人的价值的判定上。所以他强调，历史的价值就在于关注人的活动，解开复杂多变的人性之谜，追溯人类历史文化之源，把历史变成帮助我们探求人性的最有力的工具。

徐复观认为，人与动物的区别在于，一般动物没有历史意识，而人类有，历史意识是人区别于其他物种的显著标识。一般动物是生活在某一时段中，而人类则生活在把“过去”“现在”“未来”连在一起的历史之流中。人以自己的经验、理性和行为目标为基点，赋予历史事实以价值意义，把“当下”与“过去”联系在一起。人在历史进程中逐渐明白：不仅现实生活所凭借的物质由“过去”蓄积而来，因而不得不回顾“过去”；并且在精神生活中，人类有一种自然而然的为自己的生命寻找来源的诉求，为之做了不少的努力，这种努力常常形成人类文化的重要财富。人通过历史意识在时间之流中积累经验，逐渐产生了文化自觉，知晓了人生命的意义。具有历史意识的人类与其他动物的最大区别在于：一般动物没有长久生活经验的积累，也没有由过去的追忆及将来的待望所形成的精神、理想；而人可以通过历史意识，把往昔的经验和当前的生活联结在一起。

总体来看，徐复观的历史致用观和价值观主要由两方面构成：一是

① 李维武编:《徐复观文集》(卷一)，第 4 页。

站在民族文化本位立场，强调史学应经世致用；二是在诠释历史意识概念的过程中探求历史在人性层面所具有的普遍性的价值和意义。在历史的致用与求真之间，徐复观虽也指出求真是获得学术工作的基础，甚至强调求真是学术尊严的重要条件——学术尊严是一个国家、民族尊严的重要组成部分，但比起客观求真的要求，徐复观显然更重视历史致用的一面。

第四章

徐复观的历史认识论

历史认识论问题，究其实质，就是史学家还原、理解历史事实的过程。具体而言，就是历史认知的主体——史学家，通过对以史料为中介的客体——历史事实的考证、阐释等，最终形成认识的“成品”——历史知识的过程。徐复观的历史认识论从对历史事实特性的分析开始，继而指向历史事实的诠释方法、理路等问题，最后以对历史认识客观性的论证回答作结。

第一节　认识的对象：历史事实

一、“历史事实”的含义

界定“历史事实”概念，是认识历史的基础。在此基础上，在纷繁无序的过往中，确立一定的标准作为历史事实研究的范畴，是开展历史学研究的前提。历史事实是建构历史知识的核心部分。对事实真相的厘清与阐释，既是认识活动的起点，又是终点。作为认知主体的史学家首先要面对的问题是：我们能够认识的历史事实吗？

史学家研究的对象是已经逝去的往昔。徐复观认为，业已消逝的往昔，曾在特定的时空出现过，真真切切地发生过。但一切过去之人事，呈现出历史特性——一个人、一件事，绝不会再度呈现。这决定了历史事实本身不可能作为史学家直接的认识对象，不能与史学家直接“碰面”。史学家要与“过去”打交道，只能借助中介——史料，因为“过去”以历史记载的间接方式呈现。可以说，由于事实蕴含于史料之中，史学家对历史事实的认识也就变成了其与史料之间的对话。

在持客观实证立场的史学家眼中，历史事实以史料的形式留存下来，蕴含于史料之中的历史事实能够“说话”。史学家只要能够消除自身偏见，待之以不偏不倚的态度，事实自然会呈现。如新考据派代表人物傅斯年就提出“史学便是史料学”的观点，他认为，史学家应该“把传统的或自造的‘仁义礼智’和其他主观因素”的影响排除，以“证而不疏”“存而不补”的立场来考订史料，有一份证据说一分话，助成“从事纯粹客观的史学”理想的实现，达到对历史事实的澄清。傅斯年所提出的历史科学化的理念以“中研院”历史语言研究所（以下简称“史语所”）为实践平台，在当时得到了广泛响应。1949 年，以史语所为大本营的新考据派迁台，“史学便是史料学”的口号从此主导台湾史学研究十余年。20 世纪 50 年代中期，史语所学者劳干发表《历史的考订与历史的解释》一文，该文大体是傅斯年当年“证而不疏”主张的重申。劳干认为，史学家应专注于史料的考订，供给人类经验上的材料，运用自然科学、考古学的方法，以“再造过去”、还原历史真相为目的；至于事实的“考订”与“解释”，应是“两条不同的路线，离之则双美，合之则两伤”，应把“解释”驱逐出史学圈，“让政论家去随意推想”①。同年，同属新考据派阵营的毛子水发表了《论考据和义理》一文，重申材料考据对廓清历史迷雾的重要性，认为考据愈精则义理愈精。

对新考据派所提倡的实证研究风气，初入学界的徐复观多有不满，相继写下《两篇难懂的文章》《考据与义理之争的插曲》等文章直接指向对材料考据问题的反思，挑起了“考证与义理”之争的学术论战。大约作于此时的《三十年来中国的文化思想问题》等一系列总结性文章，批判锋芒亦指向新考据派所倡的实证学风。通过对新考据派学人所推崇的实证史学的反思，徐复观对历史学研究对象的特性、证据的诠释准则及如何选取合适的路径切入历史研究等问题，形成了自己系统的看法。

他认可新考据派提出的史学首先应以求得事实真相为职志的观点，认为劳干所言考证史料“点滴主义”的主张是治史的基本步骤，也认为史学的首要任务就是要立足于科学见地，致力于过去的重现。他认为，在考订清楚事实的同时，史学还应该进一步发挥其解释的功用，在这点上，他与新考据派处理材料“证而不疏”的主张分道扬镳。在新考据派学人看来，历史事实独立于史学家意识之外而不能感知、触摸，史学家只有以理性客观的态度作不偏不倚的“客观的处理”，才能从史料中发现事实。对于这一观点，徐复观提出了批评：

> 他们采取最狭隘的实证方法，首先否定文化中的价值观念，所以认为仁义礼智等是人造的名词，在研究过程中要与它

① 劳干：《历史的考订与历史的解释》，载杜维运、黄俊杰编：《史学方法论文选集》，台北：华世出版社，1980年，第203页。

> 们绝缘。……傅氏既否定人造的名词，于是他自然只承认“材料就是史学”。在傅氏这一方针之下，历史语言研究所除了考古学及语言学有相当的成就外，其他的工作，大体上只好停顿在文献校勘之上。以校勘之学来否定中国文化，当然很难达到他们原先的目的。①

他认为，新考据派“材料就是史学”的主张并不成立——新考据派学人常以为文献学即是史学，史学就是自然科学，将历史事实当作自然科学般的固定存在。他反驳道：若系如此，为什么在同一史料之下会不断出现历史的改写？“仅有材料，并不能构成历史。须将材料加以批评解释，以发现事件后面的人的精神，才可以构成历史。”② 至于新考据派所否定的“仁义礼智和其他主观”介入，在他看来是无论如何也避免不了的，不可能做到。

徐复观指出，历史是由人、事及价值判断所构成，认为对材料的诠释与研究者所处的时代、个人的批判能力无关，那是幼稚的想法，事实与价值判断之间是不能割裂的关系。人生活在价值系统之中，史学家所处的“现在”和面对的历史之“过去”，都是由人类的一系列行为构成的。行为固然是依据个人现实利害产生的，但对现实利害的调整，有赖于价值系统。价值系统是人类在长期实践中根据经验所得出的、集体成员共同承认的行为标准，随着人类自身生活方式及行为的改变而变化。

徐复观强调，历史事实并不是直接显现在我们面前的感官材料，而

---

① 徐复观：《学术与政治之间》，第 207—208 页。

② 吴福助辑录：《从〈史记札记〉徐复观先生的治学方法：附录》，载《东海大学徐复观学术思想国际研讨会论文集》，第 92 页。

要通过一系列复杂的判断和论证才能认知，这种判断和论证，皆有赖于史学家之慧识，史学家意识的介入是历史事实被发现的前提。史学家绝非是消极、被动的存在，而是以一种积极的姿态介入其中。其与史料的关系是“邀请”史料，并与之辩证对话。徐复观指出，凡是不为今人所关注的历史事实，虽有史料，亦被遗忘于历史记忆之外。对史料中历史真相的挖掘，必须依靠史学家。历史意义“发现之深浅与真假邪正之分，不仅系于作史者的学养，更系于作史者的人格”，史学家人格不同而行为动机不同；行为动机不同，而有了不同的观察角度；观察角度不同，而对材料的着眼点不同，由此，有了不同的选择，对材料有了不同意义的发现。“史料加上作者的‘人的因素’，然后能成为史学。”① 总而言之，史料的价值意义，是由史学家主观意识所建构的。

二、历史事实的选取

徐复观认为，史学家主观意识对史料的重构，可以使历史事实得以发现，使古人重现于今人之前。然而问题是，历史事实纷繁芜杂，史学家为何要研究一些事实，对另外的事实视而不见呢？哪些在史学家看来是有意义的，哪些事实在史学家眼中又是无足轻重的？是什么因素引起史学家的兴趣呢？这些疑问可归结为一个问题：史学家选取历史事实的动机、标准是什么？

徐复观认为，史学研究的对象是既往发生的人事，而既往存于史料之中。史学家要认知事实，就要在碎片化的史料中发现事实与事实之间

① 徐复观：《两汉思想史》（第二卷），第204页。

的“关联性”。这种“关联性”是史学家从史料中看到的历史与现实生活的关系，是感知到的古人与今人的精神、人格间的感应关系，是史学家“发现”历史事实的基础。我们承认，在一定的空间、时间中所发生的事件有内在的因果联系，此一事件与前一事件有关联，多少都要受到前一事件的影响，而现时所发生的事件会从正面、侧面或反面对未来的有关事件以影响。只有承认这种事实与事实之间“关联性”，史学家才能将对单个事实的研究结合时代语境，以确定事实的价值。时代并不是纯形式的观念集合，而是由许多物质、精神因素构成其内容，并且时刻处于变动之中。人的行为活动一方面受到时代的影响，另一方面又影响着时代的进程。人与时代，无论是被动还是主动，有着密不可分的联系。历史的反省必须要溯源对时代的反省，历史人事的价值意义，亦须在时代语境中加以衡量判断。史学家是时代中人，并不能孤立于时代与社会现实之外而对一切漠不关心；不论对现实是淡漠还是热情，其思想都不可避免地打下了其所处时代的烙印。已逝的往昔，也并不是已经死掉的毫无生命力的过去，而还在当下“活着”。史学家回溯往昔，就是要从过往事实中找到有助于解答现实困惑的思路和答案，因为离开过去事实的重建，今日亦变得无法理解，史学家也只有通过当前生活的体验，才能真正了解历史事实。可以说，史学家所处的时代、现实关怀意识决定其选取历史事实的导向。也正是将现实经验带入历史研究，徐复观更为深刻地体悟到：“古人思想的形成，必然与古人所遭遇的时代有密切关系”①。

徐复观屡次强调史学家将现实关怀介入历史事实认识中的重要性，

① 徐复观：《两汉思想史》（第三卷），代序第3页。

不仅是基于其特有的政治经历，还有学理上的因由。克罗齐“一切历史都是当代史”的命题，徐复观拳拳服膺，他对历史事实特性的认识深受克罗齐的影响。在治史理念上，他引克罗齐为同调，对其思想多有借鉴。克罗齐“一切历史都是当代史”的命题，“当代”并非仅仅以史学家所处的“当代”为定位点。克罗齐认为，当代性是一切历史所具备的普遍性的特征，任何一个历史时段的过去，都潜藏着某时某地的“当代性”特点。克罗齐目光如炬，敏锐地察觉到历史时间所蕴藏的“当代性”特点，并从对历史“当代性”特点的把握认识到人生活在特定的时空中，思想离不开时代的限制，也离不开现实的土壤；注意到了过去与现实不可割裂的关联，将历史事实与人的时代生活联结起来。因此，克罗齐对历史事实的特性这样阐述：

> 只有现在生活中的兴趣方能使人去研究过去的事实。因此，这种过去的事实只要和现在生活的一种兴趣打成一片，它就不是针对一种过去的兴趣而是针对一种现在的兴趣的。①

对克罗齐“一切历史都是当代史”的命题，徐复观诠释道：

> 只有现在的人的生活所需要的，才会复活于现代人的头脑之中；此外的资料则保持在睡眠状态中，以待另一些人生活需要上的发掘。并且也只有通过现代生活的实践，才能真正了解某一代的历史。举一个例子来说，这就好比是和我们经常有来往的朋友，一定是在我们现实生活的某一点上有关联的朋友。

---

① （意）贝奈戴托·克罗齐著，（英）道格拉斯·安利斯英译：《历史学的理论和实际》，傅任敢译，北京：商务印书馆，2010 年，第 2 页。

> 生活上如果是毫不相关的话，时间久了，我们自然会淡忘而疏阔。①
>
> 克罗齐曾说过，史学家不通过自己所把握的现代经验，便不能了解古代史，所以他说了一句稍稍过火的话，“只有现代史”。他的观点虽然经人作了修正，但到现在为止，史学家们依然承认这是了解历史的重要钥匙之一。②

通过对克罗齐治史思想的阐释，徐复观明确了史学家主观意识介入历史认识来重现过去的重要性，重视历史与现实的联系，强调史学家应有涉世的关怀，史学研究应对现实负责，史学家的良心应对时代负责，史学家所提出的问题应紧扣时代要求，应倒回传统思想资源中去寻求解决的方案。

在新儒家学者看来，历史是活的精神文化生命存在，人类行为、意义所昭示出的民族文化精神，就是历史的价值之所系。一些历史事实之所以能为史学家所“发现”，就在于潜藏于史料中的它们，显现出对人类自身所具有的某种文化精神上的“意义”，这种“意义”就是传统文化精神的代代传承。徐复观指出，若某一民族没有文化的传承，即意味着生命的断绝，同时意味着在人类中所能负的责任的消失。史学家对历史事实的选取，应以民族文化意识为指引，去理解文化传承的价值，尤其是“必须在许多文化遗产中确定一个主流，使众多主流存在而不致成为断潢绝港，可以并流下去。同时，文化是抽象性的；抽象性的东西，是不断地在演变的，必须有一定的主要典籍，以求得在演变中的根源

① 徐复观：《学术与政治之间》，第31页。

② 徐复观：《中国文学精神》，第520页。

性、稳定性”①。

徐复观认为，在中国文化精神的传承过程中，儒家思想是主流，其所昭示的民族精神以成就人的道德为宗旨。因此，对中国文化精神价值意义所作的历史事实的“发现”，应指向中国文化精神的道德根源——人性论。在他看来，选择人性论作为历史研究的题材，是因为人性论不仅居于中国哲学思想的主要地位，也是中华民族精神形成的原理、动力。中国传统文化的各方面，尤其是宗教、文学、艺术，乃至一般礼俗、人生态度等，只有与人性论关联在一起，才能得到比较恰切的解释。中国历史中的一些现象歧出于人性论范畴，在徐复观看来，这是历史发展脱离常道的情况。如果历史发展恢复了常道，以先秦所奠定的人性论为基础，就如同一个磁场，会重新吸引传统文化环绕它来展开活动。概言之，只有人性论思想演进形态廓清了，才能了解中国文化“演变中的根源性、稳定性”的特质，才能明白“通过历史文化以了解中华民族之所以为中华民族，这是一个起点，也是一个终点”②。

① 徐复观：《两汉思想史》（第三卷），第241页。

② 徐复观：《中国人性论史》，上海：华东师范大学出版社，2005年，第2页。

第二节 认识的过程：事实的考订与诠释

徐复观把史学家对历史事实的认知程序看作从局部到整体的过程。校勘、训诂只是对个别事实的了解，而完成了文献材料的考据与历史事实的思辨诠释，才算是对事实有整体的把握。史学家只有从局部积累到了解全体（不可从局部看全体），再从全体落实到局部，反复印证，不断地交互参验，才能得出关于历史真相的可靠结论。

一、史料的考订

作为证据的史料，是我们认识过去的“唯一凭证”与中介，几乎涵括历史认知的所有信息，在历史研究中居于基础地位。史学家只有根据史料，对事实加以重构，才能使其成为可供理解的有意义的事实，才能做到对历史真相有某种程度上的了解。事实藏于材料之中，厘清事实真相，首先要对材料做一番考辨和整理。徐复观指出，对事实，史学家必须清楚一切问题，这取决于资料；研究者的责任，在于合理地处理资料：不仅不可使资料真赝夹杂，也不可使资料的轻重位置失宜。

徐复观强调，处理材料，基本资料和参考资料应有主次之别。他认为史学家的研究工作，必须建立在对关于问题的基本资料（包括第一手、第二手资料）的把握上，必须建立在对问题的探索、解释、批评之上，此为治史、论史应特别注意的地方。有关某一问题的论文，当然也是资料，但只能算参考资料。参考资料可以帮助、启发对基本资料的了解、批评，但决定资料价值的是基本资料。在基本资料上下了功夫，才能鉴别有关参考资料。史学家疏于对基本资料的把握，把参考资料一股脑摆出来，以炫耀自己涉猎的广泛，代替对基本材料的把握，这违背了最基本的治史原则，不仅容易陷于杂乱，扰混了思路，妨碍做进一步研究，还容易陷入拿着鸡毛当令箭的境地。

徐复观认为，史学家对文献材料的处理应借鉴传统史学“信以传信，疑以传疑”的方法。治中国先秦古史，从材料来看，把出土文献与传世文献加起来，也只能算是只鳞片爪。而且文献资料中，有不少传说性质的材料，是经过长期口传以后，再由一人或数人在不同的时间、地点记录下来的。口传的增益，以及记录者个人与时代的影响，常混在一则材料之中，真伪先后杂糅在一起。徐复观认为，许多新派史学家，尤其是以顾颉刚为首的疑古学派，处理传说性质的材料有问题，大概出在真则全真、假则全假的态度上：“对世界古代史发展的情形，对古代社会研究的进步的情形，多半是闭目不睹；而只凭个人想象所及，随意否定历史上的资料；合乎自己想象的便以为是真，不合乎自己想象的便认为是假，我觉得这是值得重新考虑的。”① 他指出，传说性质的材料，史学家若完全当作真的则近于诬，若因其可疑而完全放弃则近于悍，诬与悍，都是不慎。历史研究的目的就在于从材料中求得信史，传说性质的材料，可信程度自不如信史，但史学家不能轻率地抹杀：既不可完全肯定，亦不应完全否定，须在广征互证中进行选择。信度可疑的，若完全放弃不用，无疑抹杀了可能含有的真实部分；若将之径直当成可信的

① 徐复观：《中国人性论史》，第 321 页。

传记，便是放过了其中可能含有的伪的部分，不忠于史学求真的良心。司马迁说："故疑则传疑，盖其慎也。"徐复观认为，史学家应秉承此语来处理传说性质的材料，对可疑的东西，既不轻易放过也不独断解决，保留"阙疑"，以待机会考证填补。

徐复观强调："决定如何处理材料的是方法，但决定运用方法的则是研究者的态度。"[①] 换言之，态度决定方法，价值立场又决定态度，立场、态度与方法都统摄于史学家之主观意识。那么，作为认知主体的史学家，处理材料应持何种态度呢？徐复观指出三点：一是谦虚，二是自信，三是不"择观念而固执"。他说："我所说的'谦虚'，主要是对材料而言。先让材料自己讲话，在材料之前，牺牲自己的任何成见。我越到晚年，越感到治思想史的人第一责任便是'服从资料'。"[②]"服从资料"就是既不预设立场，也不标高立异，参考许多有关说法以后，经过自己的理解，顺着材料本身选择最优解释。

所谓自信，就是在深入材料以后，对任何与材料不符但被人视为权威的说法，都敢站起来让材料"讲话"；对任何"权威"的说法，都敢清查底细，穷根究委，查个水落石出，只问是非，不问门户，不怕权威。

所谓"择观念而固执"，是指史学家以某个观念为主导，合于该观念的材料便用，不合的便弃置不用。徐复观指出，史学家常因史学观念的导向不同，解释目标不同，即使面对同一材料，也会得出不同的结论。他认为史学家的观念应取决于材料，突破固有观念，从对材料全面

① 李维武编：《徐复观文集》（卷二），第4页。
② 李维武编：《徐复观文集》（卷二），第15页。

而深刻的把握中形成新的观念，再以新的观念来诠释材料，材料与观念之间应是相辅相成的关系，切忌以既定的理论公式或教条观念来诠释史料，导致削足适履之讥。

二、事实的诠释

其实，从史料的搜集、考订开始，史学家就已经进入对事实真相的解释过程中。在徐复观看来，对事实的探究，考订史料只是局部工作的完成，只能算是研究的初级阶段，史学家只有通过解释才能“再造”过去，使人们理解过去。从根本上讲，史学家的任务就是要对古人的思想向今人及后人做出解释。他指出，在认识历史过程中，史学家对历史事实进行解释、建构，“解释”不仅是对事实真相进行考订和厘清，还应该发现事实之间的因果联系，对事实的意义进行阐释。其中，考订是基础，发现因果联系和意义的阐释、评价是历史认识进一步抽象化与深化的必然。徐复观说：“中国史学，可以说是‘行为因果规律’的史学。有某种行为的‘因’，便得到与其‘因’相应的‘果’，历史便是这种因果报应的展现。”① 史学家对事实的诠释，就是在弄清基本真相后进一步把握历史事实之间的因果联系，以解释人类过去，展现人类未来，从而使现在的我们找到定位与方向。不同于自然科学有其特定的研究畛域和方法，历史的因果联系，无法用数理统计的方法得出。人类通过自然科学所总结出的因果规律，有适用范围和限制条件，并不能直接运用在对历史现象及社会现状的推导上，“自然的因果单纯，容易认定何者

① 徐复观：《徐复观最后杂文集》，第 313 页。

是因，何者是果。历史则有远因、近因、直接之因、间接之因、附加之因、疑似之因……”①。

徐复观强调，史学家要在众多看似零散不相联系的事实之间找到内在的因果联系。找出“为什么”必须把握三点：首先，史学家不能把简单化的历史观念作为依据，受历史哲学里抽象的教条公式束缚，以致脱离人类生活实态，应该尽可能地把事件的前因后果综合起来考量，结合历史的情势与时代语境，分析其潜藏的各种因子，以了解事件的因果联系。其次，史学家应该看到，在历史事实的因果链条上，原因并不是单一化的，而是存在着不同时段、不同形态的复杂联系，史学家必须具备整体性的眼光，注意历史事件的发展变化。再次，史学家应该将个别的因果关系、各时间内的因果关系汇为一个时代演变的整体的因果关系，使历史成为一个有机体。

对历史事件进行因果分析时，事实与事实之间是点上的联系，有时可能由于材料阙如，中间隔着一大段空白而不能连缀在一起。那么，史学家如何由已知而推出未知，将散在点上的不连贯的事实连缀成完整的历史事件，对事实之间的因果联系做出合理的推断呢？徐复观认为，史学家必须具备丰富的想象力、敏锐的洞察力、艺术性的审美眼光。徐复观说：“想象，不仅应用到文学里面，有时也应用到科学，尤其是史学里面。”② 但是，文学的想象与史学的想象有本质的区别：带着感情的想象是文学的想象，不带感情的想象是史学的想象。文学的想象，可以说自身便构成文学；史学的想象，则只作为搜罗与解释史实的引导，其

① 徐复观：《两汉思想史》（第二卷），第368页。

② 徐复观：《学术与政治之间》，第227页。

自身不构成史学。两者最大的不同在于：史学的想象必须基于真实材料基础之上，并且材料的情况使史学的想象受到很大限制；文学的想象则可凭想象力虚构，以情感性的言语塑造人物形象，想象的空间较大，随意性较大。徐复观强调，史学家基于材料对事实之间的联系展开想象，必须运用“追体验”的研究方法重构历史语境，“回到”历史现场，对事件发生的原因做出合乎情理的推断。

徐复观说：“作史莫大于显露历史之真实。有事的真实，有人的真实。事的真实，存乎兴造的原始动机与实现之历程。及其完成以后，则常为假借缘饰之辞所障蔽。人的真实，存乎其直接所流露之心态与知识水准。但政治人物之生活，有公私两面。其政治社会的地位愈高，则由私生活所透露之真，愈为装扮之公生活之伪所障蔽。于是事有表有里，人也有表有里。事与人的真实，常在里而不在表。且表的材料，常远超过里的材料。”① 若人与事的真实为史料记载的表象所湮没、遮蔽，史学家应在材料许可范围之内，利用敏锐的洞察力，窥见事实真相及事实间的关联。洞察力的养成，一方面要求史学家多读逻辑严密的理论著作，尤其是西方的哲学名著，反复揣摩推演的思路，把头脑这把“刀”放在这“砥石”上磨，这样有利于提升辨析推理的能力；另一方面，需要史学家在研究过程中对材料内外的各种可能的状况都有所考量，尽力守住“不笑、不悲、不怒、只是理解”（斯宾诺莎语）的格言。

徐复观发现，在我们探求事实之间的因果联系时，有的事实与现实中的利害得失并无直接关联，而体现出一种趣味性，丰富了历史细节，使历史人物更为鲜活生动，这类历史事实即是历史人物艺术性的体现。

---

① 徐复观：《两汉思想史》（第三卷），第224页。

他认为，这种事实常在生活的某种状态下，于不知不觉间流露出某种生活感情，无所谓艺术不艺术，“必待伟大的史学家、文学家，能以自己的艺术心灵去加以发现、把握，并表而出之，而始成其为艺术性。这与一般艺术家发现美的对象的情形，并没有大区别。因为有这种发现、把握、表出，而得以显现出人生某一方向的真际，使历史世界，更能表现出是充实的‘人的世界’”①。因此，为了表现充满艺术性的“人”的历史世界，史学家除了探求事实之因果联系外，还应该“同时秉赋有伟大的艺术心灵，能嗅出历史中这一方面的意味，而将其组入于历史重现之中，增加历史的生气与活力”②。这些“艺术性”的细枝末节，亦可丰富史学家对事实建构复杂性、存在的多种可能趋向的认知。

第三节　认识的结果：历史知识

一、“客观”的含义

史学家对事实的考订、诠释和叙述等最终形成认识历史的成果——历史知识。其中存在问题是，史学家待能对事实客观性有所把握，但并不能确定他所获得的就是客观事实。那么，史学家通过一系列认知程序所得到的历史知识如何成为真实、准确、客观的知识呢？这就涉及对历

① 徐复观：《两汉思想史》（第三卷），第255页。
② 徐复观：《两汉思想史》（第三卷），第171页。

史知识客观性问题的理解。

劳干与徐复观的争论，最大的分歧就在于：历史是否需要解释？解释是否会妨碍客观事实的呈现？在持客观实证立场的劳干看来，事实是史学家主观意识之外的独立呈现，史学家应持为学问而学问的态度，“对于史料是要‘上天下地’去搜集，搜集到以后，却要‘宁缺毋滥’去审核，审核以后，更要‘知之为知之，不知为不知’去叙述。经过这样程序以后，才是比较合理的历史”①，事实会因材料的整理自然呈现出来，而史学家主观的解释，会给复原真相造成障碍。在徐复观看来，劳干所说的“点滴主义”的考证固然是历史研究的基础环节，但解释才是历史学成立的根本：“解释不仅是自然科学与史学的目的，并且也是研究过程中所不可缺少的动力；没有此一动力，便不能发现问题，为考订工作开路。”② 他认为，只有通过解释，赋予事实以主观的重构，才能完成传统的建构和“现代的疏释”，史学家解释事实，不仅仅需要对材料进行考订，还需要透过事件表象发现其背后的精神，从而启发现在的精神。徐复观与劳干所持观点不同的原因在于两者对“客观”的理解不同。劳干认为历史知识就蕴藏在材料当中，消弭史学家主观意识的介入才能确保知识“客观”。而在徐复观看来，作为一种对事实进行重构、加工、叙述得到的认识“成品”，史学家对“客观”历史知识的获取，并非是纯粹的“客观”。史学家虽然应该以求取“客观”的历史知识为目标，但在人文学科的求知过程中，所谓“客观”的方法，“在人文学

① 劳干：《历史的考订与历史的解释》，载杜维运、黄俊杰编：《史学方法论文集》，第204页。

② 徐复观：《学术与政治之间》，第226页。

科方面，方法的操作，‘存乎一心’，很难脱离主观作用”[①]。追求“客观”的是人，“运用方法的是人，人一定被他的起心动念所左右”[②]，史学家主观意识的介入无论如何也摆脱不了。因此，历史知识的“客观”，在徐复观看来，应该是包含主观因素在内的“客观”，历史事实的叙述所求的“客观”并不等同于理想的纯粹的“客观”。历史知识的“客观”，是主观化后的“客观”，应该承认史学家主观意识在认识过程中的作用。

在徐复观看来，史学家对客体的认识，“极简单地说，是由资料及对资料的解释，和由解释所作的‘复原性’的编排所构成的”[③]。在还原历史事实的过程中，史学家不是被动地坚持以史料为中心的客观经验论的观点，也不是坚守以自我为中心，随意剪裁史料以就己意，史学家对客体的认知，是一个双向建构、对话的过程，是一个不断接近“客观”的过程，这一过程并非是一次完成的。徐复观指出，史学家在诠释客体的过程中应注意两点：第一，从认识主体的立场来看，史学家对客体的认识摆脱不了“或隐或显的若干观念，即是一个人衡量事物的看法（或称为尺度）所产生的重大作用”。这种“或隐或显的若干观念”，就是史学家所固有的“先见”，在认识历史的过程中是无论如何也避免不了的。“先见”的存在，使历史知识“客观”成为带有主观因素的、非绝对的、富于弹性的“客观”。第二，从认识客体的角度来看，历史事实本来就是间接的存在，并不是直接研究对象，而且永远处于被确定、

① 李维武编：《徐复观文集》（卷二），第14页。
② 徐复观：《两汉思想史》（第三卷），第158页。
③ 徐复观：《两汉思想史》（第一卷），第248页。

扩展的变动过程中，有待史学家“发现”和建构，“由资料中抽聚而得”[①]。这种“发现”永远处于“未完成时”，并且，我们常常发现史学家选用的资料基本相同，但因观念变化而解释不知不觉地演变；不同时代的不同史学家以不同角度、方式参与对历史事实的诠释与建构，得出了截然不同的结果。这使得历史知识不断被书写。因此，历史知识的“客观”，为相对的、限定在一定认识范畴内的“客观”。

徐复观指出，史学家理解“客观”的过程，就是其带着“先见”，以自己的认知图式“逼近”历史事实的过程。一方面，史学家在把握材料的过程中，应不断地扩充经验，“经验的扩充，不仅有赖于闻见的广博，尤关系于一个人的反省能力与习性”[②]。经验不断扩充，可能形成对认识对象内容、价值与意义的新看法，并且在对客体的解释中渐渐“形成切合资料的新观念”，使认识更深刻。史学家有能动性，可以说，无主观之选择，对“客观”之深入便无法取得进展。另一方面，史学家对史料所含历史信息的提取和选择，受到史料的限制。史学家应不断发现新问题，用新观念、新视角进行史料诠释，“可以不断由新资料修正自己原有的观念与解释”，使史料与观念交替推进，“相缘而互相增进”[③]，促进认知主客体“对话”的深入。这样史学家的认识会得到不断的修正和深化，做到一定诠释框架内认识论层次上的相对“客观”。

---

① 徐复观：《两汉思想史》（第一卷），第248页。
② 同上。
③ 徐复观：《两汉思想史》（第一卷），第249页。

二、历史知识“客观性”的检验

史学家对历史事实的认识面临着对客观性的检验问题。客观性的验证，取决于认识主体与客体两方面。历史事实之真源自史料之真，史料之真是历史事实之真的基础。历史知识之“客观”，必立足于史料可信。

徐复观指出，史学家的诠释要回到原文献中去验证，须对应一条一条的原始文献，在一个共同概念之下，做到与字句文义相符。至于具体如何检验，徐复观强调，史学家务必要“养成批判的能力”，进入材料中去解释，从材料中得出结论。评判、鉴别时要注意四点：一是，他人的解释是否与原意相符？二是，他人对材料的把握是片面的还是全面的？三是，顺着他人的论点去追查其根据，明确是否确实。四是，细心而客观地衡量正反两方面材料的价值。

材料可信并不等于获取的知识客观。历史事实的求得不仅需要确证在考实层面上的材料搜集、整理之真，还应对解释的客观性进行检验。比如关于周公是否曾践祚称王，历来说法不一。徐复观经过对后人各种说法的整理、比较，得出结论：先秦两汉学者都承认周公称王的说法；至王肃伪造《孔传》，提出异说；六朝隋唐时期，肯定与否定说法交织；到了宋代，周公称王的说法被彻底否定；清代学者肯定了两汉学者坚持的周公践祚称王的说法；近代，陈梦家等人又否定周公称王之说。对不同时代的不同学者为何对周公是否践祚称王争执难解这一问题，徐复观给出了自己的分析：先秦两汉学者生活的时代君臣关系具有相对性，且有强烈的天下为公的思想，在时代观念的支配下，他们认为周公称王是寻常和应当之事。班固父子著《汉书》后，“家天下”的观念得到广泛承认，然经学之传统未断，故未摒弃先秦西汉遗说。王肃在政治上反曹而拥司马氏，异说或由此而来。至宋以后，君臣关系绝对化，除程颢、陆九渊这一系统之外，宋代诸儒都把君臣之分看作天经地义而不可逾越。周公践祚的说法与宋儒观念不容，于是当时的学者断称绝无此事存在。清人一面标举汉学，一面言周公如称王，则“其将何以为圣乎”？到了晚清，君臣关系的观念渐变，又开始出现肯定周公称王的说法。至疑古之说出现，近人如陈梦家、屈万里等人又否定了周公践祚称王的说法。

面对基本相近的材料和同一问题——周公是否践祚称王，学者们的看法之所以不同，在徐复观看来，原因有两方面：一是学者们的看法，多少受到其所处时代乃至个人地位的影响；二是任何问题的解释，都与解释者的人格密切相关。因此，对历史知识客观性的检验，应从时代、人格两方面去把握。

徐复观强调，史学家根据基本材料来解释事实，应考虑到当时的历史背景，在知人论世的层面，把握时代特征以有效解释。因此，解释是否“客观”，应联系其所处的现实来衡量；对解释是否“客观”，要放在时代背景中去检验，看由之生成的历史知识是否合于时代背景，并且“看其背后所倚靠以成其为特殊性的普遍性的真理，使后世的人能感受到怎样的程度”①。

对历史的批评理解，与史学家对人生的理解有关，与史学家的人格亦有关。一个史学家的人格，是衡量他的著作是否可信的重要尺度。徐复观指出，以人格作为评判客观性的标尺之时，“人格系以价值判断为

---

① 徐复观：《学术与政治之间》，第7页。

目的。价值判断中，必有知识作用。此时之知识，亦系纯正之知识。无人格之人，系以价值判断者以外之一时利益为目的，判断是虚伪的，在判断中的知识活动也是虚伪的"①。由此看来，所谓历史知识的"客观性"，不是对历史知识真实的一种承诺，而是对史学家学术良知的一种衡量尺度。

史学家具备怎样的人格才能保证历史知识具有"客观性"呢？徐复观指出了两点：其一，史学家所获取的历史知识，不仅仅满足了人类与生俱来的求知欲望，而且对人们会有"照明"作用，因而成为对人类行为的一种无言而非常有力的评判标准。其二，史学家对历史知识的求取，应具备"真正史学家的共感"②。所谓"真正史学家的共感"，是指史学家的成果应体现出一种对人类真正关切的心情，一种对民族、国家具有真正的道德责任的感情；体现出与人类大利大害、大是大非同呼吸，决不为一时权势所屈的人格。这是判定史学家所获知识"客观"与否的标尺。

史学家对历史知识的获取，还牵扯到如何最大限度地保证解释的客观性的问题。其治学态度必受"前理解"影响，而影响历史"客观"效力的最核心的问题也在于"前理解"。在伽达默尔的诠释学理论中，"前理解"被解释成一种前判断，是不可避免的。解释对象——文本，相对解释者而言，有一个认识逐渐加深的过程。解释者对文本的解读，逐渐地接近事实本身，"偏见"也逐渐得到修正，以利于文本意义的显

① 吴福助辑录：《从〈史记札记〉看徐复观先生的治学方法：附录》，载《东海大学徐复观学术思想国际研讨会论文集》，第78页。

② 徐复观：《两汉思想史》（第三卷），第158页。

现。但“偏见”永远无法消除，也就意味着，解释者对于文本本意的把握永远只能是接近真相。对于解释者和解释对象之间所存在的“前理解”问题，徐复观有深入的分析。徐复观认为，治思想史者，对古人思想之陈述必掺杂着诸多“偏见”，不可能完全理解古人的思想。徐复观也意识到了“前理解”的存在对历史客观性的影响，但他与伽达默尔的基本立场有本质的不同。伽达默尔深受海德格尔现象学理路和本体观念的启发，站在西方哲学形而上的思辨立场，以主客体二分的结构认知图式，将解释者确定于“此在”的场域中，而将客体悬隔于“缺席”的状态，客体相对“此在”的史学家而言，只能无限地“接近”，而不能窥见本质和全貌。这不仅是由于史学家有认知局限，更在于客体自身也不断地变化。伽达默尔的解释学最终将客体归结为不可知，因此，解释也就不会是全部的理解，只能在“解释的循环”中不断与文本进行对话，接近对象真意。在徐复观看来，对客体虽然不能做到全面了解，但可以做到完全的解释，这是他与伽达默尔最大的区别。徐复观认为，对中国古人的思想，通过道德情感的功夫体验，以“心”的感知为统摄基点，在时空语境转换的精神世界中，再通过对资料的反复研读，完全是可以理解的，并且任何解释一定比原文献说得更宽、更深，因而常常把原文献可能含有但不曾明说的也说了出来。

也有人批评徐复观对材料的诠释可能只是自己主观的想法，并不是古人的观点；对材料进行诠释，最好的办法是只叙述而不做任何主观的解释。徐复观认为此话有道理，但不完全正确。他说：“正如卡西勒所说：‘哲学上过去的事实，伟大思想家的学说与体系，不作解释便无意味。’并且没有一点解释的纯叙述，事实上是不可能的。”① 史学家对材料的解释，通过史学家的时代经验和个性思想，只能发现其内涵的一部分。任何人的诠释，都不可能做到完全、无误。史学家主观意识的介入是不可避免的，并且史学家对文献的诠释，一定会比原文献说得更宽、更深。徐复观强调的是，在对认识客体的诠释过程中，认识主客体是不可分割的关系，两者“对话”而相互理解，史学家主观意识的介入是诠释得以成立的前提。为了保证材料诠释的“客观性”，徐复观特别强调，史学家应有“由省察而来的自制力”。此“自制力”要求：“个人的哲学思想，和研究古人的哲学思想史，应完全分开。可以用自己的哲学思想去衡断古人的哲学思想，但万不可将古人的思想，涂上自己的哲学。”② 这要求史学家避免在无意之中把自己的“哲学”套在古人身上。需要特别指出的是，为了保证诠释的“客观性”，徐复观的思考陷入了两难的境地，体现出其认识论上的局限之处：一方面，在诠释材料的过程中，他既承认史学家主观意识积极介入诠释的必要性；另一方面，却为了保证解释的“客观性”，主张诠释主客体完全分开，彻底否定史学家主观意识对认识客体的影响。③

① 李维武编：《徐复观文集》（卷二），第2—3页。

② 李维武编：《徐复观文集》（卷二），第11页。

③ 徐复观承认史学家主观意识在诠释中的不可避免，但为了保证诠释的客观性，他又拒斥主观意识的渗入。对于其身上所体现出的这种矛盾，李维武发表了自己的看法。可参阅李维武：《徐复观研究中国思想史的基本方法》，载杨国荣主编：《思想与文化》（第六辑），第54页。

第五章

徐复观的史学方法论

徐复观一生致力于对中国传统文化的“现代疏释”，在研究中国思想史的过程中，他反复强调治学方法的重要性。徐复观的思想史研究方法具有浓厚的人文情怀，他摒弃西方线性进化史观，从传统文化固有的思想脉络出发，立足于“心”的文化史观，重新审视传统思想资源的现代意义与价值，在中西文化激烈冲突的时代，在忧患人生的体悟中，走出了反求诸己的思想史研究路向。

作为新儒家群体重要代表，徐复观主张：一个中国思想史研究者首先应对传统抱有起码的温情和敬意，对传统思想的解读和诠释，可以参照西方，但从根本上说，必须坚持以中释中的立场。现代中国学者在面对古人时，应当在以古释古和居今释古间找到一种平衡。在确立了基本立场和态度的基础上，徐复观提出了独特的思想史研究方法，主要包括“以心契心”“追体验”“知人论世”等，并对乾嘉学派和以傅斯年为代表的新考据派的学风进行反思，提倡思想与实证结合的新考据观。“追体验”治学方法的形成和运用，标志着其独特治学风格的形成。总体来看，徐复观的思想史研究方法强调从价值立场、态度、方法三个维度进行思想史研究。史学家所持的价值立场决定治学态度，治学态度决定治学方法，治学方法体现并完成价值追求，三者相辅相成，构成了徐复观完整的思想史研究方法体系，在中国现代学术史上可谓独树一帜。

第一节　徐复观治思想史的诠释立场

在新儒家群体当中，就治学立场和态度而言，徐复观与其他新儒家学人并无二致，力主中国传统文化研究须持守民族本位立场，并对中国传统文化抱有温情敬意。但在研究内容及方法上，徐复观却有自己鲜明的个性。他以思想史为切入点，对中国传统文化做出现代性的诠释，诠释的态度、方法与熊十力、牟宗三、唐君毅等的形而上学思辨方法不同。梳理徐复观思想史诠释立场及方法，不仅有助于了解新儒家群体诠释传统的多元面相，亦可为当下古典学本土化建设提供诸多借鉴。比较中西、古今，是近现代中国学人思想深处的牢固情结，是贯穿于整个中国近现代思想史的不可回避的议题。正是对于中西、古今孰优孰劣的思考，形成了一大批极有价值的著作，也成为学人们前行的内在驱力。探讨徐复观比较、诠释中西思想的立场、方法，对我们探索传统思想在现代语境中的转型，不无启示与借鉴。

在这一小节，我们试图探讨两个问题：第一，徐复观在思想史研究过程中，对中西、古今思想的比较诠释所持的具体观点是什么？第二，这些看似矛盾的观点是如何和谐有序地融在一起的？探究徐复观诠释中西、古今思想的立场、方法，其中隐然贯穿着这样一个鲜明的主题，即什么是传统的，又是现代的？两者综合，就是近代以降学人的关注重心之所在。

一、以心契心，态度至上

新儒家群体的一个基本共识是，心性之学为中国学术思想的核心。熊十力从“体用不二”体悟到“宇宙的心即是一物各具之心”。唐君毅以道德理性内存之仁心统观生生不息之世间众相，将“天心”与“人心”归于“心”之一体。徐复观与他们的分歧在于，他不在“天人合德”的形而上思辨框架中言“心”与“性”，而是立足于内在的、自足的具体生命，在现实生活的“人心”与“人性”中把握“心性”。由于致思方向不同，徐复观对熊十力及唐君毅的治学理路持批评态度：二人形而上的致思进路“有如走马灯，在思想史上，从来没有稳过”，二人虽对传统思想有精深的见解，“却把中国文化发展方向弄颠倒了”①。徐复观认为，“性”由“心”显，“德”由“心”见，中国文化的“心”是生命的一部分，任何人都可以把握，是真切存在于现实生活之中，可随时随事证验的；凡是谈到自身的问题，必把关键落在人“心”上，这样把握到的才是中国文化发展的大方向。“以心契心”，这是徐复观疏释传统思想的基本方法。

徐复观认为，中国文化以“人性”为人生价值根源，而“性”根植于“心”，人生价值的根源在“心”，其在具体的人的生命中生根。人的生命的“心”是真实活泼的，而不是形而上的、抽象的，“是人的生理构造的一部分”②。道德、宗教、艺术、认知等活动即是心性多方面作用的表现，因为“就不约而同的总倾向来说……总是‘人同此心，

① 李维武编：《徐复观文集》（卷二），第63页。
② 李维武编：《徐复观文集》（卷一），第20页。

心同此理’的”[①]。所以，以心契心，与已成往古的传统文化进行跨时空对话沟通就成为可能。

但“心”是主观而内在的，其证验方法也不可能有客观的规定，道德面对的对象是各人的“心”，尺度也是各人的“心”。“心”的内面可内视而不可外见，可省察而不可计量，其验证只是个人的体验，其方法只是个人的操存，一切都是主观的，既不可能客观摆出来如轻重长短之可量，也不能如产业传承之可易，作为传统文化基石的“心”，只能自验于其安与不安。自验于心意味着诠释的出发点和归宿点只能是诠释者的情感、态度及由此而确立的立场。因此，徐复观说：“在我看，态度问题，比方法更重要。”[②]

二、以中释中与西方参照

近代以降，唯新是求蔚为风潮。传统“异端”思想的“复活”，西方思想资源的不断输入，中西、古今思想竞进而互相激荡，促使传统儒学作为文化正统的情况被打破。新旧之争引起了思想认同的危机，传统儒学学理丧失了言说的“合法性”立足点。[③] 如何带着时代命题回归传统，找到诠释传统思想的立足点，为徐复观思考的问题。徐复观重新评判中西、古今之差异，回归传统立场进行儒家思想诠释。

徐复观认为，文化是人对生活的一种自觉，是对现实生活的一种态

① 李维武编：《徐复观文集》（卷一），第 24 页。

② 徐复观：《学术与政治之间》，第 70 页。

③ 罗志田：《裂变中的传承：20 世纪前期的中国文化与学术》，第 14—24 页。

度。因为人对生活的态度千差万别，所以文化也就呈现出丰富多样的形态。各种文化既有个性，也有共性。对此，徐复观说：

> 人的个性与共性、一与多当然会反应在其所创造的文化上，而成为文化的一与多、文化的个性与共性。在文化的共性上，我们应该承认有一个世界文化；在文化的个性上，我们应该承认各民族国家各有其民族国家的文化，并且各民族国家所反映出的文化的个性，是不断地向世界文化的共性而上升。而共性与个性之间，个性与个性之间，由不断地接触、吸收，将使某些个性的若干原有部分发生一种解体现象。但这种解体并非个性之消灭，而是个性新的凝集。个性之不断上升与凝集，正是人类创造文化的过程。这种过程，从关照的态度说，是文化共性之不断扩大；而从实践的态度说，又是文化个性之不断完成。无个性以外的共性，也无隔离孤独的个性。个性中有共性，仍不失其为个性；共性中有个性，亦不失其为共性。说某一文化无个性，这是等于说根本无此一文化，或者说此系一不具体的文化，好像说某人为一不具体之人一样。①

徐复观既强调中西文化有互补的地方，又强调中国文化个性之独立。文化个性是文化共性形成的前提，没有文化个性，文化共性就不复存在；只有发展文化个性，文化间互相借鉴融合，文化的共性才会不断扩展。徐复观对文化问题所持的是一种相对主义的态度，不否认文化共性，但注重从文化多样性角度强调文化个性，认为研究中国文化应着重对其特点和独有的价值进行考察。他之所以如此强调对中国文化特性的

---

① 徐复观：《学术与政治之间》，第34页。

考察，源于对时代危局的洞察。他认为，近百年来中国社会的危机从根本上说是文化的危机，因文化失调，不能应付新的文化局势。面对时局的变化、西学的强力冲击，徐复观带着“时代感愤”，致力于还原“中国文化本来面目”，对中国文化进行解释，“待望着我们的文化，能不再受国人自暴自弃的糟蹋，刮垢磨光，以其真精神帮助世人度过目前所遭遇的空前危机”①。徐复观认为，要评估中国文化在世界文化中的价值，与其从与西方文化相同的地方看，不如从不同的地方看。他认为，中西文化个性的不同，是人类心性向不同方向发展所造成的。西方文化着重发展科学的一面，即人性中之知性的一面；中国文化着重发展道德伦理的一面，即人性仁的一面。西方文化建立在对知性的追求上，是向外求索，人的价值通过物的价值体现出来，而中国文化是仁的文化，重视人与人之间的关系，仁德之心不仅对自己负责，而且对群体负责。仁德之心的形成源于人生忧患，是内在求仁的路向。因此他认为，中国学术思想起源于人生忧患。

由于文化个性不同，徐复观反对在中国思想史研究中以西释中。他指出，中西思想家的思维方式不同，西方思想家的思考架构表现在他们著作的结构上，思想脉络较易把握；而中国的思想家缺少宏观整体性的思维，论点分散在许多文字单元中。西方的思想家多作形而上学的思辨，思辨的本身必形成一逻辑结构。中国思想家的思想，多源于生活体验，因而具体性明显于抽象性。因此，如用以西释中的方法进行“格式化”解释，中国思想将丧失其自身特色，成为西方观念的注脚。徐复观强调，中国思想史研究必须尊重中国思想文化自身个性，只有以中国文

---

① 徐复观：《学术与政治之间》，第 1 页。

化本位立场解释中国思想，才能做到真正理解中国文化的真谛。如孔子思想性格的理解时，徐复观从原始文献入手，紧扣《论语》来把握——“用现代语言把他讲出来，以显示孔子的本来面目”，至于“孔子的本来面目显出来了，时代对他做任何评价，只能委身之人类自身的命运”①。

但是，以中释中的诠释立场绝不是对中国思想史做自我封闭式的研究和解释。徐复观认为，中国史研究既已纳入世界史研究范畴，则在世界文化比较的背景之下来讲中国文化是必要且必然的。因此，他主张对世界文化要诚恳地学习，认真地理解，认为这样才能对中国文化进行审慎的思考和评判。而评判的基本尺度，“是应以整个的现实社会人生的问题来做对照。如果它没有意义，中国的也好，西方的也好，我们都不能接受；若是有意义，中西也好，都应接受”②。徐复观认为：“今日抱有阐扬文化，以达成己成物之宏愿者，尤须以思辨之力，推扩其体验之功，使二者能兼资互进。”③ 体验之功可从对现实的社会人生的反省中获得，这是中国文化所擅长的，但思辨的训练则不得不从西学入手，头脑好比一把刀，经典哲学著作好比一块砥石。用磨快了的“刀”分析中国思想材料，顺着材料理出解释系统，再回到原文献中验证。如在《从性到心——孟子以心善言性善》一文中，就孟子用“性善”论反驳告子“性无善恶”的观点，徐复观引入西方逻辑分析法，对两人的观点进行了清晰的论述。由此可见，徐复观以中释中的诠释立场并不排斥对西学

① 徐复观著，胡晓明、王守雪编：《中国人的生命精神：徐复观自述》，第166页。

② 徐复观：《徐复观杂文：记所思》，台北：时报文化出版事业有限公司，1980年，第79页。

③ 徐复观著，陈克艰编：《中国学术精神》，第270页。

的参照和借鉴。

徐复观既强调以中释中的立场，又肯定西学的参照作用，两者看似矛盾，实则相得益彰。近代以降，传统文化整体失落，传承与断裂并存，其中一个影响因素即是西学的强力冲击。徐复观不仅需要思考以什么态度、立场去面对传统、解释传统，还需要在中西、古今思想激荡的文化语境中寻找一套新的评估准则，替传统文化找到延续生机的立足点，找到与西学对话的衔接点，以回应西学的强力冲击。他站在民族本位立场，带着时代性的思考回归原典，“重访过去”，阐释自身对传统的新理解。他以“心”来理解中西文化之异同，认为“心”是跨越中西思想、语境而共通的，中西文化因此有了普遍“对话”的可能。

三、以古释古与居今释古

古与今的观念差异和转换问题是徐复观在思想史研究中不得不面对的另一个问题。在徐复观看来，思想的交集存在着“一个观念转换的问题”，今天的我们“既不回去扮演古人”，也不可“把古人拉到现在来改造”①。既然古与今有着鲜明的分野，以今释古或以古释今都不能表述古人思想的起源、演变、在当时及现在的意义，那么，古今思想观念如何有连接与沟通之可能呢？

从徐复观对历史意义的深层次理解可见其对古今关系的思考。他曾说：“史学之所以成立，乃成立于活着的人，与死去的人，能在时间上贯通，在生活上连结，以扩充活着的人的生存广度和深度。换言之，史

① 李维武编：《徐复观文集》（卷二），第 17 页。

学乃成立于今人对古人的邀请之上。”史学著作即是“由作者的人格与学养，注入于史料之中加以构造，然后能使古人重现于今人之前，重现于读者之前”，“简言之，史料加上作者的‘人的因素’，然后能成为史学”①。“心”主宰人之人格与学养，为推动历史文化发展之动力，亦为沟通古今之基石。

徐复观认为，要理解古人的思想，就要像古人那样去理解古人：站在以古释古的立场，以心观心，古人所达之微意顿显。要顺着历史的线索，通过训诂明义理解古人的思想观念、古人性情所得的陶冶、古人所得的思想传承、古人所拥有的时代知识。思想都是围绕着问题转，那么：“古人是如何接触到他的问题？如何解决他所接触的问题？他为解决问题，在人格和思想上做了何种努力？以及他通向所要达到的目标经历了何种过程？他对于解决问题的方法有何实效性、可能性？他所遇着的问题及他所提供的方法，在时间空间的发展上，对研究的人与时代，有无现实意义？”② 古人的思想为我们提供了思考的方向，理清古人思想演变发展的脉络，可为我们理解当下现实问题提供启示。谈到对孔子思想的理解，徐复观认为他的研究都是顺着孔子的思考而思考，通过体会孔子所遭之困厄、所处时代之形势，以“追体验”的研究方法加以合理的推论，还原孔子思想，道出其未发之苦衷。通过对孔子思想的“体验”与追溯，徐复观认识到，治思想史应“将古人所应有但未经明白说出的，通过一条谨严的理路，将其说出。这是治思想史的人应该做的工

---

① 徐复观：《两汉思想史》（第三卷），第204页。

② 李维武编：《徐复观文集》（卷二），第10页。

作”①。

徐复观认为，在思想史研究过程中，应避免将主观意识强加于古人，更不可在古人之意尚未确切理解的情形下来评判古人之得失。在梳理清楚古人的思想脉络的基础上，可以用自己的思想去评价古人，但万不可将古人思想涂上自己的色彩。以古释古的立场反对任何观念架构的诠释，它所体现的是一种文本与语境“沟通”的解读方法，与柯林伍德所说的“一切历史都是思想史”有相通之处。史学家需要重视的不仅仅是史实描述，更应在历史语境中“重演”古人的活动，了解古人的精神世界。在研究《吕氏春秋》时，徐复观站在吕不韦门客的立场，去探究其书中最重要的思想——对两汉思想有影响的部分。通过“追体验”，他认为司马迁所论《八览》是全书思想主干的说法是不正确的，因为“在吕氏及其门客的心目中，此书的骨干，是《十二纪》而不是《八览》《六论》，至为明显”②。

古今有别，不能以古为今，但也没有必要认为古今思想之间有一条不可逾越的鸿沟。徐复观深契克罗齐“一切历史都是当代史”的观点，并深受其影响。他认为，对过去的复原和阐释与我们当下的生活实践相关，“并且也只有通过现代生活的实践，才能真正了解某一代的历史，等于我们经常有来往的朋友，一定是在我们生活某一点有关联的朋友”③。因此思想史“现代的疏释”的真正目的，是要从“时代经验的推动与考验”中获得对古典思想现代性意义的深层次解读，为人生提供

① 李维武编：《徐复观文集》（卷二），第74页。
② 徐复观：《两汉思想史》（第三卷），第23页。
③ 徐复观著，陈克艰编：《中国学术精神》，第244页。

借鉴。总而言之，居今释古并非将今之思想观念强加于古人，而是用今日生活实践所得智慧去理解古人，这其实仍是在心性史观基础上“以心契心”的一种表现。

雷蒙·阿隆说：“对于史学家来说，是重构前人生活还是阐释这些逝去的欲求对我们的意义呢?”① 这无疑是值得思考的问题。返回历史现场，通过对前人生活的诠释，参照现在来“阐释这些逝去的欲求对我们的意义”，是徐复观史学研究的立场。换言之，徐复观不仅“回到过去”重构那已经消逝了的场景，更是以时代问题为中心，连接和沟通古今思想观念。

综上所述，身处中西文化激烈冲突的时代，作为新儒家群体的重要代表，徐复观主张，一个中国思想史研究者首先应对传统抱有起码的温情和敬意，在此立场上，他强调对思想史的诠释应以心性史观为统摄，坚持以中释中的立场，在以古释古和居今释古间找到一种平衡。

---

① （法）雷蒙·阿隆著，（法）西尔维·梅祖尔编著：《法兰西学院课程：论治史》，冯学俊、吴泓缈译，北京：生活·新知·读书三联书店，2003 年，第 458 页。

第二节　徐复观的考据观和考据方法

与唐君毅、牟宗三以形而上的哲学思辨切入中国文化探究的理路不同，自称为半路出家、人到中年才转入学术领域的徐复观，将思想史作为探讨中国文化的路向和一生志业。与唐、牟二人努力建立自己精密的哲学系统不同，徐复观并不曾想建构一套自己的哲学思想体系，用他的话来说，他所致力的是对中国文化做“现代的疏释”。他站在现代立场对传统所做的“疏释”，在学术风格及理路上显现出与唐、牟二人迥然不同的、鲜明的个性特征。对徐复观的治学特色，余英时曾概括为：“一方面徘徊于学术与政治之间，另一方面则游移于义理与考据之间。”① 关于徐复观论学所凸显出的对现实关怀甚为强烈的学术特质，学界有所论及，然其考据与义理之间的学术特征，却甚少得到关注。

徐复观对其学术研究宗旨阐释得较为明确，自称是怀着一颗“感愤之心”，将对现实的困惑、思考投入学术研究中，以期清理“中国学术史里的荆棘，以显出人文精神的本真”②，以思想史的研究照明中国文化的出路。他认为思想史研究的职责是“疏导中国文化，首先要站在历史上说话，不能凭空杜撰”，而他“站在历史上说话”的治学路径“是

① 余英时：《钱穆与中国文化》，上海：上海远东出版社，1994 年，第 139 页。

② 徐复观著，陈克艰编：《中国学术精神》，第 50 页。

用很严格的考据方法"，反对悬空立论，主张"以考证言思想史"①。然而问题是，徐复观认为自己治学是以考据为切入点，却对乾嘉学派和以胡适为代表的新考据派学人在考据上的态度及方法持批评、否定态度。他对考据有批评，又在具体研究中强调考据的重要性，因此我们有疑问：徐复观对考据所持立场、观点为何？他释读思想史运用的是哪种考据方法？

一、对乾嘉学派和民国新考据派考据观的批评与思考

在20世纪中西、古今思想激荡的时代，在人文学科领域，以胡适、傅斯年为首的一批曾留学西方的新派学人以西学为参照，以理性客观的求真精神，抱着为学问而学问的态度，把西方的科学实证方法和乾嘉学派的考据方法结合在一起，建立起一套具有现代意义的新式学术范式。尤其是胡适，力倡"大胆的假设，小心的求证"，辅以"整理国故"之呐喊，树起新考据派的旗帜，一时跟从者比比皆是。大体言之，新派学人多持全盘否定传统文化的立场，把传统典籍当作材料处理，剔除传统所具有的道德价值意义，以平等的眼光和怀疑的态度整理文献材料。

与之相反的是，面对传统价值系统崩塌的困境，新儒家学人为维护传统价值系统，持返本开新的立场，坚守传统文化人文性的价值，反对新派学人批判民族历史文化的价值。这一态度表现在学术领域，就是他们鲜明反对实证立场，反对以琐碎考据为治学宗旨。如熊十力尽管认为，若读古书，"于其训诂名物度数等等若茫然不知，则与不曾读书者何异?"承认考

① 徐复观著，陈克艰编：《中国学术精神》，第50页。

据的价值，但只把考据看作为做学问的一部分，而不是做学问本身及全部。站在学问经世的立场，熊十力将国之不振、族类式微皆归为“清代汉学家之罪也”[①]。钱穆亦说：“论儒学，当以清代乾嘉考据以下为最衰。因其既不讲心性，又不讲治平，而只在故纸堆中做考据功夫。”[②] 民国时期，以胡适为首的新考据派学人沿袭乾嘉学派的治学方法，走训诂考据之路而忘记了史学经世的宗旨，钱穆对之进行了批评，说其“震于‘科学方法’之美名，往往割裂史实，为局部窄狭之追究，以活的人事，换为死的材料。治史譬如治岩矿、治电力，既无以见前人整段之活动，亦于先民文化精神，漠然无所用其情。彼惟尚实证，夸创获，号客观，既无意于成体之全史，亦不论自己民族国家之文化成绩也”[③]。

对乾嘉考据学，徐复观的立场颇类熊、钱。他批评清儒“自戴东原以下，皆是矜心戾气，互为名高；凡不合他们口味的，排挤不遗余力”[④]。清儒倡导的学术立场，“以两汉经生之所是，代替先秦诸子百家之所是。不仅把唐宋元明历代学术文化中的思想性，完全排除了连先秦诸子百家乃至两汉中凡是有思想性的东西，也都给他们整死了”[⑤]。换言之，他认为清儒的治学态度带有极为武断的门户偏见，乾嘉纯文本的考据毫无思想原创性，把历代学术中带有思想性的东西完全剔除了，无学术上的思考力。

---

① 熊十力：《读经示要》，上海：上海书店出版社，2009 年，第 206 页。

② 钱穆：《中国史学名著》，北京：生活·新知·读书三联书店，2000 年，第 272 页。

③ 钱穆：《国史大纲》，北京：商务印书馆，2015 年，第 3 页。

④ 李明辉、黎汉基编：《徐复观杂文补编》（第二册下），第 149 页。

⑤ 同上。

徐复观说："中国传统的学问，本是以经世致用为目的的；因此，中国学问的本身，二千余年来，本是以对现实问题负责所形成的'思想性'为其主流的。中国学问的活动，自先秦以来，主要是'思想'的活动。"① 而带有"思想性"的经世传统，到了清儒这里，完全把研究对象限定在古典注释、训诂与版本源流考订的范围之内，尤其是乾嘉学派的研究，完全与自然、社会、人生脱节，不以客观谨严的经世精神去把握古典，而是把古典当作压服他人的偶像。纵观徐复观对清代学术思潮变迁的阐述，除了对清初三大家顾炎武、黄宗羲、王船山的成就给予肯定、褒扬外，也只对晚清以康有为为代表的今文学派有所肯定。这是因为康有为虽以考证之名，但在学术上多有附会，"把中国传统文化中的思想性，经他们这一转手而复活起来，重新对时代问题负起来学术文化所应负的责任，依然是有某一限度地意义"②。

徐复观认为，以胡适为代表的新考据派学人，引入西学分科治学理念来处理中国传统文化，通过开展整理国故运动，无形间也建立了一种学术上共同承认的治学新典范、新标准。但新考据派学人在考证过程中对其所共同承认的治学标准——科学方法，理解过于狭隘，割裂了事实求真与价值致用的联系，忽视了人文学科求知过程中史学家主观价值判断的存在。他们的科学考据所寻求的"绝对客观"的解释，将考据引向文献尊崇立场，以标榜所谓科学的口号开始，"以不科学、反科学的收获告终"③，忽略了古典思想自身所具有的脉络结构和语境，无法触及

---

① 李明辉、黎汉基编：《徐复观杂文补编》（第二册下），第 148 页。

② 李明辉、黎汉基编：《徐复观杂文补编》（第二册下），第 149 页。

③ 李明辉、黎汉基编：《徐复观杂文补编》（第一册上），第 471 页。

与深入思想性问题的讨论。他认为，新考据派学人“口口声声地喊科学方法，而其考据工作，却最不科学，这是因为他们先横一反中国文化的心理”[1]，并以此心理为基点，提倡以校勘之学来“整理国故”，否定传统文化的价值。

同时，徐复观发现，新儒家学派在文献考辨方面往往病累甚多。如对其师熊十力的文献辨伪考释功夫，徐复观评价，熊十力虽在学问上自辟新境，“但他瞧不起乾嘉学派，而在骨子里又佩服乾嘉学派，所以他从来不从正面撄此派之锋，而在历史上文献上常提出悬空地想象以作自己立论的根据，成为他著作中最显著的病累”[2]。通过对熊十力治学的反思，徐复观认识到，思想史的研究只有建立在文献史料可信的基础上，才能把握它的价值和意义。他之所以选择“考证言思想史”的路径，正是要规避熊十力治学的弊病。

徐复观强调，有价值、有思想性的考据“必须在研究态度与研究对象上有一大转换，即由古典的注释走向思想史的把握，由书本走向现实的自然、社会、人生”[3]，必须将思想与考证结合起来，他提出了新的考据方法。他认为考据方法的应用不能仅局限于“训诂名物度数”，因为其还与研究对象和就对象提出的问题密切相关。考据有其适用的对象与向度，史学家对考据的事实应有问题意识和思想关切。徐复观提倡思想与实证结合的新考据，认为“疏导中国文化……一定要抉择爬梳，有所根据”，对待史料，必须以“严格的考据方法重新疏释”，因为“我

① 徐复观：《中国人性论史》，第357页。
② 徐复观：《两汉思想史》（第三卷），第2页。
③ 徐复观：《两汉思想史》（第三卷），第369页。

们所读的古人的书，积字成句，应由各字以通一句之义；积句成章，应由各句以通一章之义；积章成书，应由各章以通一书之义。这是由局部以积累到全体的工作。在这步工作中，用得上清人的所谓训诂考据之学"[①]。以严谨的考据得出的结论，可以破除"肤浅粗疏甚至是虚伪的考据"，避免游谈无根而被持不同意见的人抹杀、讪笑，"凡是他人在证据上可以成立的便心安理得地接受，用不着立异。凡是他人在证据上不能成立的，便心安理得地加以抛弃，无所谓权威"[②]。

徐复观强调，人文科学与自然科学在研究对象、切入路径、治学宗旨与目的等方面多有差异。自然科学中的实证主义不能简单地运用在人文科学的考据上，因为人文科学不可避免地涉及人的主观意识问题，而实证只能处理部分基础工作。他认为的科学方法，仍以求取"客观"知识为目的，但在人文领域，追求"客观"的是人，同时"运用方法的是人，人一定被他的起心动念左右"[③]，所谓的"客观"无论如何也摆脱不了史学家主观意识的介入，所以，科学方法应该承认史学家的主观意识对考据求真的影响。运用科学方法的考据是值得提倡的，但不能忽视人文研究存在的主观性问题。他说："大家谈科学方法，却常忽视了在自然科学的实验当中，人不能不以仪器的活动为活动，此时的方法是在客观中运行。但在人文学科方面，方法的操作，'存乎一心'，很难脱离主观的作用。"[④] 因此，态度比方法更重要，因为"决定如何处理材料的是方法，但决定运用方法的则是研究者的态度。有人强调科学方法，

---

① 徐复观著，陈克艰编：《中国学术精神》，第177页。

② 徐复观：《两汉思想史》（第三卷），第2页。

③ 徐复观：《两汉思想史》（第三卷），第158页。

④ 李维武编：《徐复观文集》（卷二），第14页。

而常作陷入主观的论证，这种令人困惑的情形，大概不是在方法上可以求得解答，而关系到隐藏在运用方法后面的态度。所以科学方法，与科学态度，是不可分的”①。

决定考证方法的是史学家的治学立场、治学态度。考据如果只为辨析事实真伪，并不是没有价值，但不能称为思想史。徐复观认为还应做阐释，因为“思想史的工作，是把古人的思想，向今人后人，作一种解释的工作”②。只有考据具有“思想性”，带着问题意识走进古人的思想世界，才能显出治思想史之最终价值。因此，在使用考据方法解决部分问题而有一个坚实的立足点后，治思想史应在考据之外向三个层面去扩展：一是知人论世的层面，二是探寻思想发展演变之迹的层面，三是用归纳方法从全书中得出结论的层面。

二、考证方法：思想线索与文献线索

傅斯年的《性命古训辩证》一书是实证主义的代表作。傅斯年认为：“思想不能离语言，故思想必为语言所支配，一思想之来源与演变，固受甚多人文事件之影响，亦甚受语法之影响。思想愈抽象者，此情形愈明显。性命之谈，古代之抽象思想也。……语学的观点之外，又有历史观点，两者同其重要。用语学的观点所以识性命诸字之原，用历史的观点所以疏性论历来之变。”③ 换言之，傅斯年尝试“以语言学的观点

① 李维武编：《徐复观文集》（卷二），第4页。

② 徐复观：《两汉思想史》（第三卷），第2页。

③ 傅斯年：《性命古训辩证》，载欧阳智生编：《傅斯年文集》（第二卷），北京：中华书局，2017年，第540页。

解决思想史中之问题"①，用清人所用的"训诂演绎法"，是循着文字之衍变做出的一条线式的推断，"若本字之原形原声不能与所期之结论相应，则由通假以济其穷"②。徐复观对傅斯年所用的"训诂演绎法"提出批评：

这不仅忽略了由原义到某一思想成立时，其内容已有时间的发展演变；更忽略了同一名词，在同一时代，也常由不同的思想而赋予以不同内容。尤其重要的，此方法，忽略了语言学本身的一项重大事实，即是语源本身，也并不能表示它当时所应包含的全部意义，乃至重要意义。③

仅采用某家某人某书中的一两句重要话，以演绎成一家、一人、一书的全部思想结构，常易流于推论太过，已经是很危险的方法。何况"就其字义，疏为理论"，其流为荒谬，乃是必然的。④

徐复观认为，对某一字词进行解释，"只能由它的上下文来加以决定；只能从一个人的思想，从一部书的内容，用归纳的方法来加以决定。用归纳方法决定了内容以后，再由内容的涵盖性，以探索其思想的内在关联。由内容与内容的比较，以探索各思想相互间的同异。归纳的

① 傅斯年：《性命古训辩证》，载欧阳智生编：《傅斯年文集》（第二卷），第537页。

② 徐复观：《徐复观杂文续集》，台北：时报文化出版事业有限公司，1981年，第183页。

③ 徐复观：《中国人性论史》，第1页。

④ 徐复观：《中国人性论史》，第8页。

材料愈多，归纳得愈精密，我们所得出的结论的正确性愈大”[①]。此方法可称为“资料归纳法”。“在此一方法内，并非置字形字声之训诂于不顾，而系将由字形字义所得之义，在一句之构造中，在一章之上下文义中，互相参证，以求其文从字顺。更进一步则将某一时代之有关资料，某一书某一家之相关资料，加以归纳后，较同别异，互相钩稽，以求能在较大之背景与基础上，得出较为实际之结论。其无资料可参证、归纳者，则宁可暂存而不论。”[②] 除了对资料进行归纳之外，对思想史的研究，史学家还应有发展演变的观念，“在历史中探求思想发展之迹”，了解古人思想的演变，“只有把握到这种发展演变，才能尽到思想史之所谓‘史’的责任，才能为每种思想作出公平正确的定位”[③]。

“明堂”是古典学研究中引起争论较多的问题之一。徐复观发现前人对“明堂”的考据，不知在历史的具体情境中了解其发展演变之迹，仅以文字训诂为基点，把“明堂”推定为古代宫室庙堂的统一建筑形式，进而得出结论，谓明堂为古代宫室通制。徐复观用资料归纳法，结合思想的演变发展对“明堂”一词的流变做了有别于前人的考证。首先，梳理《左传》《周书》《荀子》等书中的材料加以归纳，较同别异，得出“明堂”在春秋战国之际有祀祖配天之意。然后，结合《吕氏春秋》《史记》《淮南子》等文献记载，指出在两汉时期，“明堂”早因代远年湮而不知所指。两汉时期的学术特点是常将许多各有分域的事物组合成一个杂拌的系统。“明堂”到两汉变成了理想性的东西，大家便可

① 徐复观：《中国人性论史》，第 8 页。

② 徐复观著，陈克艰编：《中国学术精神》，第 182 页。

③ 徐复观：《两汉思想史》（第三卷），第 3 页。

按照自己的想法构造。蔡邕的《明堂论》不仅把历史上的“明堂”与《十二纪·纪首》记载中的糅合在一起，并且把秦至汉初所提倡，汉武帝时期初步实现的太学乃至小学等糅合在一起，从此“明堂”成为理想性的总的政教机构，有了至高无上的地位。“明堂”一词的发展演变即是如此，该词的理想性愈高，所含的历史因素愈少。

徐复观指出，从知人论世中观察到“一种新思想、新观念之出现”，可“由思想观念出现之前后，以推论相关典籍出现之先后，系过去考据家所忽略了的一个重要方法”①。此方法即文献线索考证法，要求判断古书的成书年代，不仅需史学家旁采某一时代的历史事件、人情风俗以参验书中的思想内容，根据古书与时代语境的联系来判定；另外，须疏通古书思想与前后时代思想的联系，才可根据思想渊源与传承的演变判断古书的成书时代。

今人要了解杨朱的思想，仅能从《庄子》《孟子》《荀子》等古籍的零散记载中得到一些线索；若要进一步了解庄子、孟子所言的杨朱“为我”“贵己”的思想，需找到有力的证据。黄震的《黄氏日抄》以为《列子》有《杨朱》篇，凡杨朱之言论备焉。而宋濂的《诸子辩》，即以《列子》的《杨朱》篇“疑即古《杨朱书》，其未亡者剿附于此”。黄震与宋濂的说法是否成立呢？这就不得不说到《列子》成书年代的问题。民国以来，受疑古学术潮流影响，人们多认为《列子》一书为魏晋之人所作，几乎已成定论。梁启超在《古书真伪及其年代》中提出了《列子》为张湛所伪编的说法。马叙伦在《列子伪书考》中列举二十证附和梁启超之论。陈旦《列子杨朱篇伪书新证》援引佛典来证明《杨

① 徐复观：《中国人性论史》，第13页。

朱》篇是受印度佛教思想影响的产物。对梁启超、马叙伦等人的观点，徐复观反驳道："在《列子》辨伪文字中，许多从训诂上，文法上找论证，有的可以证明《列子》之不出于先秦，但不能证明其出于魏晋。"持魏晋作伪观点的学人，对《列子》一书中文字、文法的时代背景，出于臆测。徐复观给出了他认为《列子》魏晋作伪一说不成立的理由。《列子·周穆王》篇有"西极有化人来"一说，《列子·仲尼》篇有"西方之人，有圣者焉"一说，"化人"和"圣者"被解释为佛，自张湛作此解释后，学界多持此说法。徐复观将魏晋时期的《抱朴子》《搜神记》进行比较，认为《列子》所指西极之化人，反映了秦汉之际的方士思想，而非晋人所指的佛。他又把《庄子·大宗师》与《列子·天瑞》进行对比，认为《列子》一书中的许多思想来自庄子及其他先秦诸子，或来自秦汉的神仙方士，与晋人所指的佛毫无关系。徐复观认为《列子》一书是秦汉之际黄老学者纂辑而成。先秦必有列子其人，而未必有其书，书中有先秦的材料，也有汉初的材料。他对《庄子》《荀子·王霸》《韩非子·说林》中涉及杨朱思想的部分做了一番比较，结合战国战乱不断的时代特征，认为杨朱所提倡的"为我""贵生"之说，精神形态应是矜持奋励，而不是放任纵恣。徐复观对《列子》一书的细节考证与结论成立与否，这里不作探讨，但用文献线索，从思想观念产生的时代背景比较中推论成书年代，为一不可忽视之论见。

当然，徐复观的考据方法也有需反思之处，下面即以他考证《周官》为例展开论述。《周官》又称《周礼》，关于其成书年代，一直众说纷纭，未有定论。大抵宗古文学者皆以为该书作于西周，甚至认定是周公所作，刘歆、郑玄、贾公彦等人皆持此说。东汉何休认为《周礼》乃"六国阴谋之书"，即认为成于战国时期。清代学者崔述、皮锡瑞，现代学者钱穆、郭沫若、顾颉刚等人均持此说。还有一种看法，认为《周礼》为刘歆伪造，此说首见于宋人胡安国、胡宏父子，至清末，廖平、康有为等人将之详加推衍。不过，值得注意的是，主刘歆伪造说的学人，他们的学术见解里总掺杂着政治意气，如胡氏父子便是不满王安石借《周官》变法，而康有为的“歆学伪经”之说亦欲为维新张目。

1932 年，钱穆在《燕京学报》第 11 期上发表了长文《〈周官〉著作时代考》，力证该书成于战国晚期、汉代以前。他将考证焦点集中在《周官》中各项制度的时代特征，着力研究此书的思想脉络，提出了思想线索的论证法。徐复观在考证《周官》成书年代时借鉴了钱穆这一方法，同时转换视角，关注战国以至秦汉时期官制体系的设计与变化，即看《周官》中官制体系的设计是否一致。他的看法与廖平、康有为相近，认为《周官》是“王莽草创于前，刘歆整理于后”，只是立说与二人不同。

从思想线索来看，徐复观认为王莽和刘歆无意作伪，而是要作一部以官制表达自己政治理想的书，且要实际应用于治国理政。书定名为“周官”，后改名为“周礼”，是为适应王莽的政治要求。他认为刘歆、王莽曾从多种文献取材来作《周官》，与经传不合正是他们创作的目的之一，同时《周官》的思想内容含有以官制表达政治理想的倾向。确立了这一点后，接下来要做的就是考证以官制表达政治理想的思想源流、发展流变，证实其说。根据徐复观的考证，以官制表达政治理想的倾向是战国中期前后才有的，从《荀子·王制》和《管子·立政》始，有了表达政治理想的官制雏形。《淮南子》《春秋繁露》等典籍中都有理想型的官制。正是此种思想在摸索中前进，其结果便有了《周官》的出现。可以说，《周官》的思想内容是先秦至西汉不同文献的大杂烩，因此《周官》只可能是西汉末期的思想产物。

从文献线索看，《汉书·河间献王传》有关于《周官》《尚书》《礼记》《孟子》《老子》的记载，说明在刘歆、王莽之前，“周官”名称已出现。此说法，对徐复观所力主的王莽草创、刘歆整理之说显然不利，徐复观辩驳的理由是：应将《周官》和《尚书》并为一名，即是《尚书》中的《周官》，亦即《尚书》中早已亡佚的《周官》。但如果河间献王所得《周官》是《周官》，《尚书》是《尚书》，则其所得的《尚书》，与伏生所传的今文，及孔安国在孔子故宅墙壁中所得的古文，其异同若何？在有关文献中岂得无一言涉及？刘歆《让太常博士书》言鲁恭王坏孔宅，得古文于坏壁中，未提《周官》。对此，徐复观辩解说：

> 以刘歆后来推重《周官》，若向、歆父子校书时此书果在中秘，抑而未伸，则在《让太常博士书》中既盛称逸《礼》三十九篇，岂有不提及《周官》之理……今《汉志》六艺略礼家首“《礼》古经五十六卷”，以次为《记》百三十一篇、《明堂阴阳》三十三篇、《王史氏》二十一篇、《曲台后仓》九篇、《中庸说》二篇、《明堂阴阳说》五篇，又其次始为《周官经》六篇、《周官传》四篇。既称《周官》为“经”，则不应著录于《礼》古经的传记之后。由此不难推见，此乃在改名《周礼》之前所补录，且有以别于一般之所谓礼，并非刘歆在奏其《七略》时已有《周官》一书。①

梳理徐复观考证《周官》的思路，我们发现，他在考证前，先存预

① 徐复观：《徐复观论经学史二种》，上海：上海书店出版社，2002 年，第 211—212 页。

设的判断，然后集材料以就结论。他先后从《荀子》《淮南子》等典籍中寻找关于《周官》的线索，殊不知，各书思想脉络、主张不尽相同，谁影响谁，很难说清。若说《周官》成书于战国，也可认为《荀子》《礼记·王制》《淮南子》受到《周官》思想的影响。对《周官》思想构成进行考证，尤其是对刑法制度、赋役制度进行分析，徐复观认为，《周官》所表现出的是法家思想，王莽、刘歆伪造《周官》是想解决现实政治、社会问题，想把社会变成一个严密、便于控制的组织体，通过军事和专制的手段发挥高效职能，对自由散漫的农业社会做出巨大变革。

与钱穆等一些重视"历史意见"的学者不同，徐复观在考证时十分注意史学家与时代经验、意识的互动。他自言著述"都是在时代激流之中，以感愤的心情所写出来的。对于古人的了解，也是在时代精神启蒙之下，一步一步地发掘出来的"①。强烈的时代批判意识、个人现实经验的介入与治学的关怀诉求结合，使他在研究问题时较多注重时代经验的启发，故著述有着时代的投影。诚然，史学家的个人经验对相关研究有一定作用，但是过分强调史学家个人经验在史实考证上的作用，难免产生以今度古之弊。

三、结语

徐复观认为饾饤考据之学虽可解决局部细微的问题，但崇尚考据的学风使许多学者丧失了思考力，导致思想上的贫乏和学术经世功用的缺

---

① 徐复观：《徐复观思想史论集》，上海：上海书店出版社，2004 年，再版序第 1 页。

失。学者缺乏担当，无益于社会现实问题的解决。在考据之外，我们应充分认识到中国传统的学问态度是本根于现世人生的，学者们都是现实社会中活生生的人，为学问而学问的探索精神固然可贵，但要真正理解中国传统，尤其是在传统思想产生危机、面临转型的时代，史学家在传统的诠释方面，须对缺乏人文精神指向的传统训诂考据有所反思，提倡更为开放的、思想性与实证性结合的新考据观。在考证清楚原意的基础之上，史学家应把古人的思想向今人做一番解释，以饱含温情与敬意的态度，将传统思想置于具体的时代语境中解释。史学家应作为一个鲜活的生命融于历史之流中，以自身真切的感情去领会作品的意义。思想史"现代疏释"的意义，由此彰显。在考证方法上，徐复观对清儒阮元及傅斯年等人以"求其是"的语言训诂学方法解释思想史的做法持批评态度，认为应在资料归纳的基础上使用文献线索考证法和思想线索考证法。而这两种考证方法都是建立在探究出思想源流和发展演变的基础上的。诚如徐复观所言："以清理出比较清楚的条理，主要是得力于'动的观点''发展的观点'的应用。"① 正是从变化的视角，顺着思想线索和文献线索来考证古书，他的考证纲举目张，材料组织条贯有序。但从《周官》的考证上，亦可见其考据方法运用上的局限。

① 徐复观：《中国艺术精神》，沈阳：春风文艺出版社，1987 年，第 5 页。

第三节　“追体验”

徐复观在传统艺术精神的诠释方面，从自身丰富的人生经历和生命体验出发，立足于践行之“心”，察照出前人研究中国艺术精神未曾道出的收获。而这些闪光之论的提出，与徐复观所用的“追体验”的基本方法息息相关。以往的研究，对此方法虽有提及，然仍有值得我们进一步思考之处。本节拟在以往研究的基础上，对“追体验”方法形成的渊源及体现的特点做一些梳理，以进一步加深对徐复观史学思想的认识。

一、“追体验”的渊源

“追体验”是徐复观就传统艺术精神诠释提出的基本方法。提出“追体验”的方法，与他的人生经历、对学风敏锐的洞悉、对西学思想资源的汲取密切相关。徐复观的一生颇具传奇色彩，前半生戎马议政，后半生卫道论学。这位自称有着泥土气息的“乡村的儿子”，将他的“感愤之心”和对国家、民族文化前途的担忧，将积压于胸中的沉重的现实危机感和人生经历所带来的挫败感带入学术思考中，意在清理中国学术史的荆棘，以显出人文精神的本真。由于游走于学术与政治之间，他治学反思的文字常饱含强烈的爱憎情感。他的研究深深地烙上了他人生经历的印记。反求诸己的思考与传统艺术精神构成了“追体验”产生的思想资源。

徐复观发现，自五四运动之后，一些学人特别强调治学方法，即所谓“科学方法”。西方科学方法的引入，为近代的中国学术打开了新的认知天地，树立了新观念、新范式。但科学实证学风的盛行，导致今人与传统学术思想之间产生了明显的隔膜。今人对待传统学术思想，多是精于细末之考证而难解整体要义，且动辄对传统学术思想妄下断言。以徐复观为代表的新儒家学人认为，研究中国学术文化者，须肯定中国文化为活的生命之存在。这就要求我们对之抱以同情、理解的态度，这样才能真正理解古人的思想。因为中国文化以儒家的“心性之学”为中心，事变势移而人情不远，生命与情感的沟通是能超越时空而共通的。徐复观立足于“心的文化”之上，将孟子“知人论世”与“以意逆志”的理路相融，提出了“追体验”的方法。

当时，以胡适为代表的新派学人，在学术研究方面建构了新的知识系统和价值典范。他们采用西方的进化论，将进化之“公例”化约为科学方法以改革传统中国史学，传统史学研究的立场、方法、学科性质等被重新审视。以胡适领导的“整理国故”运动为例，传统思想被看作史料，不包含任何道德伦理的意义和本真生命精神，成为趋新读书人心中的“物件”。他们强调，史学家须以“平等的眼光”和“历史的态度”去寻找证据，为学问而学问，以获得客观准确的历史知识。他们用来自西方的评估准则替代了传统儒家经典思想，新派的读书人逐渐向西方“普遍性”言说系统靠拢。对“整理国故”运动，徐复观毫不客气地批评说，“采取最狭隘的实证方法”否定传统文化的价值，“许多新奇之说，皆建立在一知半解，以偏概全，以想象代替逻辑推理的情况之上。

换言之，走上了以新奇代替真实，淹没真实的一条道路”[①]。在持守心性史观的徐复观看来，中国传统思想文化并非是一堆仅供人考证、研究的材料，而是活的生命存在。若把传统思想当作史料解读，史料暗含着情感；如果在解释过程中把史料当成冰冷而无内在生命精神的材料处理，史料之价值精义将丧失殆尽。史料作为人类活动的遗迹，不论数量如何多，绝不会把所有的历史事实都原封不动地留存下来。因此，史学家必须凭借想象、类推，把一则则材料连接起来，以得出某种结论。史学家应据自己的想象，充分挖掘史料所具有的艺术性的一面，这样，新价值就会生动地呈现出来。正是因为对胡适等新派学人的批评和反思，使徐复观主张以生命的交汇与心灵的沟通去“追体验”古人的精神世界，显出中国传统文化“活的生命”的存在。

徐复观的《中国艺术精神》第二章《中国艺术精神主体之呈现——庄子的再发现》中共有 85 条附注，其中 11 条即出引自《人论》。由此来看，德国哲学家卡西尔的《人论》对徐复观艺术思想的解读亦有较大影响。在卡西尔看来，艺术和历史学是我们探索人类本性的最有力的工具，而传统艺术精神的理解，只有把艺术理解为我们的思想、想象、情感的一种特殊倾向、一种新的态度，才能够把握它的真正意义和功能。卡西尔认为，研究者通过与艺术作品的对话，把握及体验作者的精神，结合自己的经历和经验，艺术作品的诠释才有可能得到理解。[②]卡西尔对艺术精神的阐释使徐复观认识到，对传统艺术精神价值的追寻，只能是

---

① 徐复观：《两汉思想史》（第一卷），第 240 页。

② 卡西尔在其《人论》一书中，对艺术、历史作为文化符号的价值及如何从审美视角把握艺术、历史精神，都有诠释。可参阅：（德）卡西尔：《人论》，甘阳译，上海：上海译文出版社，1985 年，第 175、217 页。

在与古人心灵对话的过程中，心中重演古人之思考，“追体验”他们的情感和精神。这样来看，中国的传统艺术不仅有历史的意义，而且有现代的、将来的意义。

二、融入情感和精神的“追体验”

徐复观认为，对古人艺术精神的研究应按三个步骤来把握：首先，知人论世，对艺术家生平有深入了解；然后，在此基础上体验艺术家思想之精义；最后，以艺术家所处时代的具体问题，作为与艺术家作品沟通的媒介。通过走进古人的艺术精神的深处，通过心心相通的感受，与古人交流、对话，这样的体验与对话，需要读者带着问题意识。这是徐复观所体悟的文本解读路径。通过这种方法，古人思想之微义，未发之见解，必以新问题、新视角的观察显现而出。这种方法即“追体验”。

具体到对传统艺术精神的研究，徐复观将“追体验”看作读者鉴赏作品的过程，所谓艺术精神的体验，是透过作品“看到”其背后的作者内心情感与思想精神。读者与作者之间，现实境遇、生活态度与方式可能迥然有别，构成彼此间没有交集的“立体的世界”，读者对作者的理解“天然”地隔了一层。但在精神和情感上，徐复观认为两者有相通的地方。要沟通读者与作者的情感，打破“天然的限制”，读者必须不断用“心”去感知作者的作品，因为“作品会把我们导入向更广更深的意境里面去，这便是读者与作者，在立体世界中距离不断地缩小，最后可能站在与作者相同的水平、相同的情境，以创作此诗时的心来读它，此之谓‘追体验’”[1]。辍文者情动而辞发，作者情感跃动与精神体验必蕴含于文中。在古与今思想交集的节点上，鉴赏者“迎上了作者的心，而成为以心见心”[2]。

徐复观说：“我从一九五O年以后，慢慢回归到学问的路上，是以治思想史为职志的。”在他看来，应“把文学、艺术都当作中国思想史的一部分处理，也采用治思想史的穷搜力讨的方法”，但文学、艺术毕竟有各自独特的表述与思考方式，因此在“运用一般治思想史的方法以后，还要以‘追体验’进入形象的世界，进入情感的世界，以与作者的精神相往来，因而把握到文学、艺术的本质”[3]。文学、艺术精神世界的表现与体验，不是仅靠抽象的哲学概念与文字训诂的字义考证所能领会的，中国传统思想重实践，重经验层面上的理性反思，忧患意识特别强烈。所以，想对古人艺术精神的意义有恰如其分的理解，就要切实地明白其“人格与一般物件不同”，一般物件可作量上的评价，但“人格是质的存在，不能用数字计算，并不能加以分割”[4]。今人要深入了解古人所处的时代，了解其生存环境，了解其对时代问题的理解与思考，这样才能做到对古人思想“现代的疏释”，这也正是“追体验”意义之所在。

在《两汉思想史》中，徐复观用整整一卷的篇幅构建出了他所研究的历史世界，并以之作为《两汉思想史》的背景。对两汉思想界具体时代背景进行介绍时，徐复观知人论世，进入了古人之语境，与他们在思

① 徐复观：《中国文学精神》，第394页。
② 徐复观：《中国文学精神》，第240页。
③ 徐复观：《中国文学精神》，自序三第2页。
④ 徐复观：《中国人性论史》，第2页。

想上有了交流，用“追体验”的方法将两汉思想家思想的意义从错综复杂的材料中显发出来。

历来谈贾谊，学人多据《治安策》以言其政治思想。因《新书》难读，有人怀疑其非真而加以唾弃。徐复观对《新书》进行了翔实的考订，将之作为新材料，结合《治安策》，再次走进贾谊所生活的时代，将其政治思想中具有创造性的部分，以“追体验”的方法进行了“再发现”。在徐复观看来，贾谊的一切学术活动，根本的立足点是为出现不过二十多年的大一统的专制政治形态找到一条长治久安的道路。以此为线索，他“追体验”两汉士人的处境与思想，发现了贾谊政治思想中诸多未发之覆。他说：

> 在贾生心目中的政治形态，是定于一尊的大一统的皇权专制的政治形态。皇帝是政治结构的顶尖……但贾谊的尊君，毕竟与法家大大的不同。法家的君主，是孤头突出，除了法以外，不受任何人的制约的。……贾生心目中以皇帝为中心的政治结构，却是为皇帝分担权力，并给皇帝以政治规范。①
>
> 贾生心目中的理想的官制，是以道德为基础，这便须落实在人的问题上。知人用人，当然是人君最重要的责任。但贾谊虽重视人君知人用人的能力，可是觉得人君主观的能力是不大可靠的，便凸显出人民在知人用人上的积极功用，以树立知人用人的标准。这是非常突出的观点。其所以能提出这种突出的观点，则是由继承儒家对人民的信赖，政治的一切是为了人民的大统，直接由孟子“国人用之”“国人杀之”的观念，所发

① 徐复观：《两汉思想史》（第二卷），第81—82页。

展出来的。①

徐复观用"追体验"的方法走进贾谊的心灵深处，思考其所思考的时代问题，以人知人、以心印心，看到了贾谊政治思想的独特之处。

元代画家赵孟頫屈节仕元之事，长期以来为画论家所贬抑、批评。徐复观在品评赵孟頫的画作时认为，如论者不能以同情之态度设身处地地想，不从自己立身行事的人生体验中去躬省，而轻易臆断，"加之于古人，实以见言者缺少真正人生的责任感，而不自觉其流于儇薄"②。徐复观认为，赵孟頫虽身仕元廷，但在心里觉得元朝给予的富贵功名是巨大屈辱，由于精神上的压迫难以疏泄，他对自由的要求、对自然的皈依、对隐逸生活的怀念加深了，促成了他艺术上的成就。徐复观由赵孟頫的生活境遇进入他的心灵，进而论其艺术精神，而认为赵孟頫的画作应归入"清"之列。他说赵孟頫之所以在绘画方面有辉煌的成就，主要在于：

> 在他的心灵上，是得力于一个"清"字。由心灵之清，而把握到自然世界之清，这便形成他作品之清；清便远，所以他的作品，可以用"清远"两字加以概括。在清远中，主客恢复了均衡。在均衡上的相融相即，这便可以上追北宋山水画成熟时的风格，下开元季四大家的逸韵。③

赵孟頫以清灵之心交融客观之境，有了艺术之境的深远洞察。从徐复观对赵孟頫的评价可以看出，他摒除了以往以德为准则衡量画作艺术境界的标准，从"心"的沟通到情理交汇的神游体验，为我们还原了有

---

① 徐复观：《两汉思想史》（第二卷），第84页。

② 徐复观：《中国艺术精神》，第378页。

③ 徐复观：《中国艺术精神》，第383—384页。

着高格清远之境的赵孟頫。

三、结语

艺术作品的鉴赏，作者、读者和作品构成了重要的三个因素。徐复观认为这三个因素应是整体性存在的。分析作品，不应仅仅停留于语言、技巧等形式上的东西，更重要的是从自身的生存体验出发，把握作品与读者之间的共鸣：作者为作品意义创生之源，必须“追体验”作者的时代和作品的历史背景中，以读者之心关照作者之心，这样，作者、读者和作品就融为一体，共同建构一种意义上的存在。徐复观从自身体验出发探求作品内在的精神意蕴，理解作品中作者艺术精神的本真，这正是“追体验”方法的精髓。而“追体验”方法的提炼，是徐复观回应如何理解及诠释传统艺术精神这一问题所给出的回答。

第六章

徐复观的史学评论

20世纪的新儒家学人中，半路出家、由政入学的徐复观，以其现代“圣门子路”的勇者型风姿令人印象深刻。其学术之“勇”的特性源自他峻急易怒的性情；早岁军旅生涯的磨砺，更使他一身是胆，不惧权威，敢于硬碰硬。初入学术界的徐复观如同一头闯入瓷器店的猛牛，以其率真之勇、劲悍之气，发磅礴酣畅的文字，敢于指向任何令他感愤不平的事件和人物。举凡学界风气、知识分子精神等问题，无一不涉及，无一不基于拳拳赤心坦陈道出一己之见。徐复观的批评锋芒锐利，夹杂着一些激愤之辞，因此常招致嫉恨和攻击。虽有同道学人好心规劝，但他依然如故，本色不改，坚持好辩激切的论学风格。这使他有生之年在港台学界长期遭到主流的排挤与孤立。

以批判精神著称的徐复观，在当时是一位颇受主流学界非议的人物。但以今日后见之明来看，对批判抗议精神的坚守和阐扬，恰恰构成了徐复观学术思想中最为核心的要素。这使他为现代新儒学建立起了独树一帜的“儒家型的社会批判学”①，留下了值得令人咀嚼与深刻思考的思想财富。学界虽有零散的几篇文章对徐复观的批判精神加以诠释，

① 林安梧：《迈向儒家型社会批判学之建立：以徐复观先生的思想为核心的基础性理解》，《鹅湖》，1994年第3期。

但还有值得深究的地方。我们需要追问的是：徐复观批判精神所本准则为何？批判的目的和动力为何？批判的立场态度、思考理路为何？本章选取徐复观的史学评论，以窥其批判精神要旨。

第一节　史论就是对历史人事施以价值判断

史论又称“史评”“论赞”等，是史学家对历史事实进行翔实的考辨，对其施加价值判断，以见历史人事得失成败之因由。中国固有重史之学术传统，写史以明道，道以义显，而史学之“义”有赖史学家对过往人事施加价值判断，以具体之人事昭显道义精神，故史论素来发达。孔子开端绪，深深浸润于《春秋》精神中的中国传统史学，特别注重对过往之人事施以道德判断，通过“书法”“笔削”来褒善贬恶，以期达到教化、资治的目的。

《左传》中，作者以“君子曰”的形式发表见解，论事评人多本儒家仁义忠孝之伦理准则，以史传经，显圣人之微言大义。《史记》以“太史公曰”发司马迁之论见，或以事实立言，以起惩恶劝善之效；或辨析补正事实之不足。范晔著《后汉书》，“欲因事就卷内发论，以正一代得失”。唐代史学家刘知几认为史学评论的价值就在“辨疑惑，释凝滞”。两宋时期，史学日渐义理化，史论佳作层出不穷，欧阳修、朱熹、叶适等人即为其代表。至清代，王夫之《宋论》《读通鉴论》，钱大昕、王鸣盛、赵翼之论史、评史等，亦有著述佳作。对于传承久远的中国史论传统，徐复观再三拳拳致意，报以孺慕自谦之心，从中汲取精神养分，因此他衡论古今、中西之学术有了思想基源。除了对孔子、左丘明、司马迁史学成就作有文章详细探讨并肯定其精神价值外，对于传统史论，徐复观最为倾慕王夫之、钱大昕二人。对王夫之的《读通鉴论》，徐复观看法如下：

> 《读通鉴论》的特点，是把历史中的人与事的问题，发掘得很深，深到一个人所以作出某种行为的几微之地，这即是现代所说的“心理因素”；深到一般人所看不出的某种事情的意义、关联、影响，也就是司马迁认为《春秋》在“失之毫厘”的地方，能看出“差以千里”的结果。因此，他（王夫之——引者注）的史评，假定因受时代限制而不免有所偏蔽时，会觉得有点近于深文周纳，容易引起读者的反感。又假定读者尚没有养成“用心精细”而耐烦的习惯时，又觉得有些迂回晦涩，容易使读者浅尝辄止。但若是由他（王夫之——引者注）自己的时代经验，把他带进历史中去所透出的议论，便会发出历史睿智的光辉，富有政治人生的启发意义。①

上面的大段引语，可谓徐复观阅读《读通鉴论》的肺腑之言。他切入以《春秋》《史记》为代表的传统史学系统中，把握王夫之史评之玄机，洞察其隐微之处。

徐复观认为，钱大昕在中国史学界的地位，似继西方黑格尔著《历史哲学》以后兴起的兰克。钱大昕史论之贡献有二：一是不纠缠于《春秋》“一字褒贬”之说，不为“笔削”“书法”之先见观念所束缚，让

---

① 徐复观著，陈克艰编：《中国学术精神》，第62页。

史学从观念论的窠臼中摆脱出来；二是以实事求是的实证态度把握历史人事之势，探骊得珠。

徐复观认识到，历史由“一堆故事”所构成，史论则是要史学家“要在一堆故事中，看出它的因果关系，及形成这种因果关系的原因”。要明了其因由，对历史之人事进行恰当的历史定位不是一件容易的事情，只有取诸“在中国文化中，发展出‘史评’这门学问”① 的经验教训。

对徐复观而言，对历史过往之人事施加价值判断是应然、必然，这是基于以下五点理由：

1. 中国文化关注人生价值的实现，儒家思想以成己成物成德为诉求，“由观念落实到集义之‘事’，一面把志和气连结起来，同时也便将个人与社会连结起来。孤单的个人，无所谓事；事须人与人、人与物相接而始有。通向社会，便须对社会的事象，尤其是对社会生活发生推动作用的思想言论，须作是非判断”②。可以说，儒家思想决定了中国文化以道德价值判断为核心，这使史学家对历史人事加以价值判断。

2. 徐复观认为，历史中的人并非概念化、抽象化的集合，而是有血有肉地生活于特定时空的活生生的人，现实中人的“一切生活，除了衣食住行的物质条件之外，还要靠辨别善恶、美丑的价值判断，并对这种价值判断加以信任，才能得到精神上的支持，因而得到生活上的自觉与充实。价值判断成就个人的人生观、世界观，指示个人以生活的目标提

① 徐复观著，陈克艰编：《中国学术精神》，第 62 页。

② 徐复观：《中国思想史论集》，上海：上海书店出版社，2004 年，第 129 页。

供个人以生活的意义。价值判断的总汇，即成为历史的目标，历史的意义。人们不能离开价值而生存，也和不能离开衣食住行而生存是一样"①。人本身必在文化价值系统中得到证明，史学家对人事的论定，无论如何离不开基于价值判断的情感活动。

3．史学家与史料构成了史学研究的两极。徐复观认为史学家对史料的诠释，主观意识无论怎样也是避不了的。因为史料是一堆材料，史学家要做的是从中把历史的线索及人物对历史形成的意义找寻出来，赋予史料自己的判断，使人可以把握一个明朗的形象，根据此明朗的形象看出人类发展的大方向。没有价值判断，便不能把逝去的历史重现，便没有史学，史学家对历史人事的价值判断是史学成立的必要条件。

4．对带着一颗"感愤之心"踏入学术领域的徐复观来说，为现实与人生是其为学的动机。他对史学家判断原则的固守与再三强调，隐含着他对时代的关切。在近代以来的中西、古今文化争论的语境下，中国文化面临如何评估传统的大问题。到底是弃故纳新还是返本开新？各派各家意见不一，其中最根本的原因在于各家各派的立场不同。中西文化论争使徐复观深深地明白：一切文化的内部，都存在着活生生的人的主观意识，并都由人的主观意识决定其在现实生活中的价值。人的主观意识决定立场，立场决定态度，态度决定方法。徐复观亦深悟：中国的传统，系在历史中扩展人之生命，因之，20世纪对传统文化何去何从的探究，必须回到对历史价值的判断。因为历史是人对自身存在之自觉，与文化学术密切相连，关乎社会未来走向，关乎人生价值厘定。

---

① 徐复观：《徐复观文存》，第25页。

第二节　以“心”为中心统摄的评论标准

历史事件的是非曲直应有一个评断的准则。史学家评论人事设定的标准的价值，直接关系评论的价值。无论是对社会思想现状的剖析，还是对古代政治文化等学术问题的研究，徐复观评论人事的界域，跨越古今中西，看似繁杂无序，但所本的批评宗旨，却是汇之有元、统之有宗。其史学评论的背后，可见一个显明的主轴，谓史学家之“心”也，亦可谓“良心”“仁心”。

徐复观说：“中国文化最大的贡献是指出这个价值根源来自人生命的本身——人的‘心’。价值的判断，就是源于这个‘心’。”① 徐复观将人之“心”作为论断中国历史文化过往人事之准则；将“心”作为连接历史世界与现实世界之桥梁。何谓“心”呢？徐复观定义为：

> 中国文化所说的心，指的是人的生理构造中的一部分而言，即指的是五官百骸中的一部分。在心的这一部分所发生的作用，认定为人生价值的根源所在，也像认定耳与目，是能听声辨色的根源一样。孟子以耳目为“小体”，因其作用小；说“心”是“大体”，因其作用大；但不论作用的大或

① 李维武编：《徐复观文集》（卷一），第3页。

小，都为其人身生理构造的一部分则一。[①]

"心"被认定为人身体的一部分，他以"形而中者谓之心"来把握"心"的特质与内涵，学界对此颇有争议。抛开其中误读之处，探讨徐复观"心"的解释思路，我们发现他对"心"的理解有以下两方面值得注意：

一是主张对"心"的社会大众性、实践性、现实性精神特质贯通理解，并通过对"心"的诠释，彰显中西文化的差异性；反对今人盲目地以西学比附及将其作为评估一切中国历史文化价值的标准，强调以固守本土学术立足点来反观自身学术价值的重要性。

二是诠释传统心性之学的内在价值意蕴，阐扬出"心"作为个人道德价值源头的内在主宰性和自律性，主张通过个人的修养显现道德良知——以本心的价值呈现，裁汰一切个人主观之私见，达到对一切人事的客观了解和判断。

通过以上两点来看，"心"被徐复观理解为一种实践的文化，大众化、社会化的文化。一切围绕"心"的活动都在人的具体生命中生根，"心"是与社会和时代合为一体的知行合一之"心"。

在徐复观看来，今日要论中国文化在世界文化中的地位，与其从和西方文化相似的地方去看，不如从不相同的地方去看，通过对两种文化差异的比较，跳出以西方文化为中心的评估尺度，回到民族文化自身的立足点上。徐复观认为，西方文化将人的价值以物的价值表达出来；而中国文化是以人自身价值为价值，起源于忧患意识，以对人和社会负责为目的。由于文化存在性格差异，以此出发，徐复观反对

---

① 李维武编：《徐复观文集》（卷一），第19—20页。

给传统思想的诠释套上西方形而上学的东西，以西方哲学思辨观念去比附传统思想。徐复观认为，西方的形而上学只是一种观念的游戏，是由逻辑概念的推演发展而来，是游离不实的，西方学者对许多人生、宇宙问题的思索常喜欢“组成一个大系统，自己坐在大系统的顶尖上，以满足学术上权利意志的要求”①。与此不同的是，中国“心”的文化，乃为具体的存在，不是表现在观念上，而是浸透于广大社会生活之中，和现实相联结，这与由信仰或思辨所建立的某种形而上的东西，属于完全不同的性格。如果将西方形而上的架子套在儒家文化身上，等于是“把儒家道德实践的命脉断送了”②。以中西文化不同的体认路径为基准，徐复观对熊十力、唐君毅以思辨融通中国文化的治学方法也提出了批评。徐复观认为他们用形而上的架构诠释传统思想，是反其道而行，“要从具体生命行为，层层上推，推到形而上的天命天道处立足，以为不如此，便立足不稳”③，推衍理路“一套一套有如走马灯，在思想史上，从来没有稳过”④。徐复观认为，对传统思想评估的准则，应“不因其合西方哲学的格套而有所增加，也不因其不符合西方哲学的格套而有所减少”⑤。关键在于，不从西方逻辑推理的线状系统去把握传统思想，而是要回到主体之“心”做主宰的立场上，回到活跃着生命的立体系统中，顺着具体生命活动轨迹，在反躬

① 徐复观：《两汉思想史》（第二卷），第324页。

② 李维武编：《徐复观文集》（卷二），第40页。

③ 徐复观著，胡晓明、王守雪等编：《中国人的生命精神：徐复观自述》，第167页。

④ 同上。

⑤ 同上。

深切体认的过程中，发现思想的层级性，发现思想内在有血有肉的统一，以现代逻辑语言表述出来，达到对古人思想的了解。

在对传统思想进行学术辨析的过程中，就能否借鉴和运用西方哲学架构的诠释理路，将之作为中国思想史研究的评估准则，徐复观经历了一个由肯定到否定的过程。在诠释《老子》一书“有”“无”思想时，许多人常采用黑格尔的正、反、合辩证法理路，徐复观原也如此。随着学术阅历的加深，徐复观发现老庄由“道”而衍生出来的思想，追求的是柔弱虚静的人生，不同于辩证法下带有强烈战斗意味的人生，由此对“有”“无”等关键概念的诠释，在“道”的根源上，不含有绝对性的矛盾，这与西方辩证法是截然不同的，这是中国文化与西方文化本质上的区别。如果再拿形而上学的思路来诠释传统思想，“尤其是混上黑格尔的东西，是冒很大的危险，增加两方的混乱，无半毫是处”①。通过对形而上学的消解，徐复观认为，对传统思想的诠释，应不做思辨的“空言”，而诉诸历史事实，“心”是立足于人类生活实践的经验教训和个人生命实践“发现出的生命中的道德主体”，所蕴含的人生智慧，不是类似黑格尔所言的“绝对精神”，也不是顺着逻辑推演而与具体人生愈来愈远的思辨哲学，而是在人类理性自觉的内在做主的“心”中所践行的“正常即伟大”的中庸之道。

由此“心”置于具体生命的认知出发，徐复观认为，史学家在评论人事之时，应区分“史学家的语言”与“哲学家的语言”。历史是由人的具体生活积累而成，人的生活有不同发展阶段及不同形态，同时呈现出简单与复杂的两面性。对历史事实的解读，徐复观认为“史

① 徐复观：《学术与政治之间》，第221页。

学家的语言”评价历史事实应是活的，富有创造性和社会现实性的。史学家应以“平实之思”再现人间世态生动的时代演出，以真切的“追体验”体察过往诸事之是非得失及价值意义。而以“哲学家的语言”做出的对历史人事的论断，则是在将各种事物、观念加以组织时，拿自己的观念做一根准绳，同时又做一把刀斧，把各种事物、观念毫不留情地“斧削”，以将之融入自己的思维中去，凡不能融入的都去掉，并加以贬斥。此依主观理念随意剪裁事实的做法，使哲学家在对历史意义做具体阐释时，必定有遗漏或歪曲历史，以“哲学家的语言”将历史事实以就其历史观或历史哲学理念的判断。其解释历史某一部分之功，终不能抵消扰乱历史真实探求之过。两者相较，徐复观认为：“一位伟大史学家的心灵，与一般道德家乃至哲学家的观点异其趣。道德家、哲学家多先以一固定价值标准去选择历史；而伟大史学家的心灵，则系以历史的自身为价值的基点，在此一基点上进一步作‘兴坏之端’的探求判断。”①“史学家的语言”更能对事实做出客观而具体的说明和论断，更能得历史价值意义之真；而“哲学家的语言”只看到历史中的某一点，看不到历史的全貌。

徐复观特别强调传统儒学心性论中“心”的主观能动性所具有的内在主宰性、自主性。他认为中国文化价值的根源，可追溯到每个人的“心”，立足于“心”的文化形成一套价值体系，以贯彻文化的各个方面。由功夫践行所开启的“心”的体验，是人人都可自足而不求于外的，每个人都能够当下认取，凭借个人意念而自觉自明。虽然此“心”为史学家评价一切人事价值意义之立足点，是独立而能自作主

① 徐复观：《两汉思想史》（第三卷），第213—214页。

宰的真实无妄之“心”，但当我们将“心”作为主体价值判断的态度与立场来看待时，良心所折射出的史学家对是与非、对与错的判断，只可谓一家之言。此“心”如何不致被主观的成见与私欲所歪曲，呈现客观事实的本来面貌，还原出未被成见、私欲缠缚的“心”呢？换言之，史学家在论断具体人事时，如何在实践过程中经个人之反省、慎独、诚敬等，提炼并裁汰一些主观化、片段化的认知意象，将主观认知进一步深化，而以整体性的生命观感，使个人之“理”合辙于圣人之“天理”，并在践行历程中体现一种立体生命人格之自显，而做到客观事实与“心”的结合，以做出与客观相符的判断呢？这就涉及对史学家主观意识自律性问题的诠释。

徐复观以“心”作为评论人事的标准，其用意是在价值的根源处，在动心起念处，将心中的一切私欲、曲见剥落，通过克己，向内追索穷究，使价值转换之“心”有本根，一切人事评价都在此“心”的统属之下，各得其所。而要剥落掉私欲、曲见，这需要史学家主观意识有自律和“净化”，这样才可达到对历史人事客观地了解和判断。史学家如何规范和约束主观意识？徐复观提出了三点要求：

1. 史学家对历史人事所做的价值评断，要摆脱一己之好恶，打破主观成见。史学家必须在道德及生活上有高度的自律，此之谓“敬”。敬的态度表现在求知上，首先要对研究对象做客观的判断，先弄清对象内在结构，只有了解其内在的问题及经过之曲折，才能提出怀疑、评判，才能与前人思想若合符节，否则仅为一种猜度。但问题往往是，部分史学家对研究对象做了解时，先把自己的主观意图投到研究对象上，把主观臆测当作研究判断，因此歪曲了研究对象。主观成见的产生，在徐复观看来是因为史学家“在自我的欣赏、陶醉中，把自己的分量，因感情的发酵而充分地涨大了，于是常常会在精神的酩酊状态下看问题，也在精神的酩酊状态中运用方法”，要将“因发酵而涨大了的自我，回复到原有的分量”，作为认知主体的史学家得持守敬的态度，做到“精神的凝敛与集中”①。只有史学家对认知对象持有敬意、尊重，才能最大程度对认知对象的客观性有所了解。

徐复观说：“《说文》：‘忠，敬也。’无私而尽己之谓忠。因不曾无私而尽己，所以自会流于不敬；因为肆无忌惮，所以也自然会不忠于所事。”② 可见，忠与敬是不可分的，不仅是史学家在求知时应持的态度，亦是对史学家人格提出的要求。在徐复观看来，所谓无私，亦可谓去私，要求史学家于治学过程中摆脱虚名、意气、势利、权威、人情世故等，不使良心扭曲而湮没了德性仁心。史学家亦应有学术为天下公器的胸怀，以公心辩，以仁心听，唯知识是从的，因为“一个人在学术上的价值，不仅应由他研究的成果来决定，同时也要由他对学问的诚意及其品格之如何而加以决定”③。徐复观强调的“史德”对治史的重要性，于此可见。所谓“尽己”，就是竭尽全力，毫无保留地以勤勉、谦虚、自信及“过则勿惮改”的态度去追求知识。史学家除了勤于阅读，还应在思考时发现问题就不要轻易放过。对证据，应充分“尊重”，不因个人成见曲解事实，在深入了解材料以后，不迷信任何“权威”的说法，要穷根究底，查个水落石出。此外，史学家还应持“缓”的态度，就是材料未搜齐，观念未成熟，即使材料、

① 李维武编：《徐复观文集》（卷二），第5页。
② 李维武编：《徐复观文集》（卷二），第6页。
③ 徐复观：《中国人性论史》，第5页。

想法都具备，还要多用时日来酝酿，尤其是多思考与自己意见相反的方向。

2. 与“敬”的态度相辅相成的，是史学家在治学时还应持“实事求是，多多反省”的态度。徐复观认为态度比方法更重要。他反对“悬空”谈方法，在他看来，真正有效的方法，乃产生于诚挚的治学精神与勤勉的治学工作之中。史学家要有反省的自觉，有能虚、能勤、能改的态度，能在学术探研中不断修正方法与结论中的错误，并能吸收新材料、新观点，从治学历程的反省当中，消除由“心”中积习所带来的错误，归于平正客观的治学立场。“保持其平衡与客观，也正是作为一个伟大的史学家所必不可少的条件。”① 如果史学家不具备“自反”的能力，任何方法对于他都是无效的。徐复观之所以特别强调反省的重要性，是因为两点：第一，史学家对材料应该广搜博取，相关资料搜集得越全越好，这是没有疑问的。但是材料不可能一次搜罗干净，并且每一个人对材料的掌握总有偏向。第二，史学家对材料的解释、批评更非易事，如果观念、导向错误，则考证会走错路子。“所以每一个对学问有诚意的人，在未死以前，都应当在实事求是的基础上，把‘探索’和‘反省’，永远连结在一起。”②

徐复观力倡史学家应自觉反省，他在治学历程中以身践之。如：1963 年出版的《中国人性论史》一书于 1975 年再版之时，他在书后写了一段“补记”，对书中的疏漏、错误之处一一作了修正，并对学术观点进行了自我反省及批评，以使学术上的见解达到“不必求之于

① 徐复观：《两汉思想史》（第三卷），第 241 页。
② 徐复观：《中国人性论史》，第 377 页。

高深，但须务能期之于精密”。

3. 儒家思想以成己成物为归旨，在尽心知性以知天的过程当中，功夫践行是达到天人合一境界不可或缺的。对史学家的道德修养，徐复观提出了要求，即史学家应具备“积”与“渐”的水磨功夫。所谓“积”，与时间成正比，时间愈久，史学家的学问便积累得愈多。“积是与生计、与世故成反比例，在生计与世故上费心得愈多，在学问上所积的也愈少。由此可知学问之积，不仅要由对学问的信心毅力而来，并且也要由生活的淡泊超卓而来。在这种地方，尽可由学力以窥见人品。断乎没有蝇营狗苟，而能积累知识，成就学问的。”①

所谓“渐”，按照一般的理解，指水由外向内慢慢地浸润于物件之中。在徐复观看来，“渐”是“积”的消化，“渐”的结果是培养做学问的基本“识力”。学问上的“识力”一旦厚积而成，则“任何有关的材料，到自己面前，都能判别它的分量，发现它的意味与问题；将零碎者加以合乎逻辑的贯通；将隐秘者加以自然而合理地显露；自己犯了错能反省出来；若经他人指出，便自然地以感佩的心情来接受、改正”②。

“积”与“渐”的关系为：“积”是旁搜远绍，较量锱铢；“渐”是心平气静，从容寻绎。“在寻绎中有反省，在反省中再寻绎。这样才可去芜存菁，化零成整，使材料所含的意味，决洽于心。于是平日所积的，不再是以材料呈现，而是以它的意味呈现。至此，它都是某

① 徐复观：《徐复观最后杂文集》，第 76 页。
② 徐复观：《徐复观最后杂文集》，第 77 页。

时代某人物的再生，而不再是死物。这也可以说是‘神明自得’。”①“渐”来自“积”，腹内空空，说不上“渐”；同时，“渐”是不断地“积”的过程，断无点滴积累就能养成“识力”之理。

总而言之，从徐复观对“心”的意义的诠释来看，他对理学思想颇多心契。其针对史学家的自律所提出的居敬功夫和反躬自省的态度，多源自传统儒学尤其是理学的思想资源。

第三节　评论人物的原则与方法

一、评论人物的原则

徐复观认为，历史的成立，乃人生价值的展现与延续。可以说，没有人生价值，便没有历史。换句话说，历史以人为中心，乃人生价值之承载，人生行为及其价值乃历史之表现，两者密不可分。史学家对历史所做的评判，究其本质就是对人生价值的评价。因此，对历史人物价值的厘定，是史学评论的重要课题之一。

历史人物是否有考察的价值，是史学家思考的首要问题。历史人物的行为活动，皆在具体时空中进行，既有优点又有缺点，同时也是善恶皆有，可谓善中有恶，恶中有善。人的处境是各不相同的，个人

① 徐复观：《徐复观最后杂文集》，第78页。

有个人的要求，个人有个人的委屈，行为活动有差异与不同层次，所以对历史人物做是非曲直的判断，为至难之事。徐复观认为，历史人物的价值非著史者所能衡量，唯取决于历史人物自身的活动及其贡献。历史人物是否有评估的价值，及其人生价值的大小，可用两条评估标准：积极标准与消极标准。“对人物的积极标准，概括言之，第一，其人在历史的形成中，有何意义；此意义必包括两方面，一为正面的意义，一为反面的意义。其次，是在历史的现实中（与形成有别），可以表现某种时代风气、时代特色，或时代精神。”① 徐复观认为积极标准的成立，“必待有一消极标准始能树立，意即谓两个层面的判别标准是互为依托的”②。“此消极的标准为何，即首先必须破除势利之见。势利之见不能破除，便会以势利的大小为标准，而人类生存的意义，历史之所以能成为历史的意义，或几于泯绝。”③

下面我们以徐复观对王充的评价为例，看他是如何运用上述评估标准的。近世学人多将王充看作突破时代限制且具有批判斗争精神的“进步”学者，认为他身上体现出了可贵的科学求真的精神。徐复观则认为该评价把王充的价值夸大了，在两汉思想家中，王充思想的代表性不大。徐复观对王充的评价之所以与主流意见不同，可从其评价人物的标准上窥知一二。徐复观认为近世学人对王充的评价都未能破除势利之见，即近世以来主宰学者们头脑的唯科学主义认知尺度。徐复观认为对王充思想诠释的消极标准，首先就是要破除势利之见，不

① 徐复观：《两汉思想史》（第三卷），第236页。

② 同上。

③ 同上。

以今人的眼光来曲解它。就积极标准来看，首先，两汉思想界的风气是对政治特别关心，治学上的时代特色都是以人伦为道德出发点构成知识系统；表现出的时代命题是大一统专制下的政治问题，理念上则系天人性命。以这三方面为标尺来看：就时代风气而言，《论衡》议政部分较少，作为乡曲之士的王充多是以其个人遭遇为中心来讲，除反映出部分地方的政治问题外，没有触及当时政治的根源问题；就治学的特色而言，王充在追求知识时，轻视人伦道德；就时代命题而言，王充对天人性命问题的思考是就个人的遭遇讨论天人关系。其次，就王充思想在历史上所得的评价而言，王充与扬雄、刘歆、桓谭三人都是反官方博士学术系统的自由学派的代表人物，都主张学术开放，不重视师法传承与寻章摘句的研经模式，提倡贵博求通的路数，从这点来看，应肯定王充在学术史上的地位。然而，王充所处的环境及个人遭遇限制了他展望时代的眼界，他是一个彻底的“自我中心”论者。

徐复观认为，历史人物是否值得论定，应看今人在今日时代的诉求。换言之，史学家要带着自我及时代的诉求来评估历史人物。对当前现状的认知、剖析与思考，决定了史学家选取怎样的路径和尺度：该显扬哪些人物。徐复观认为，今日的史学家对历史人物的认知应打破传统政治精英史观的约束，不应只将眼界局限于历史上重要的政治精英人物，论定历史人物的价值，尤其要看到乡土“籍籍无名”之士的贡献，肯定庶民在历史中的价值和地位。对比，徐复观说：

> 只有乡土人士，把自己所亲见亲闻的乡邦人物，在记忆中复活了起来，做细心的体认……把埋没了的潜德幽光，重新加以显发，使一般人能够了解外面历史的命脉，社会的生

> 机，原来是由这类位不高而名不显，却能代表某一方面的人生价值的许多人物，所延续、所充实起来的。①

虽然这类乡土庶民默默无闻，然而通过对其人生价值的厘定，我们能了解当时底层庶民群体的生活情状。

徐复观发现，有的历史人物不会直接引起研究者的兴趣；有的则容易引起史学家的情感共鸣，尤其是自己民族历史上的某些重要人物，如岳飞、文天祥等。他们之所以能引起后世一代代人感怀，徐复观认为是因为他们在大是大非面前迸发出的精神力量给人以安慰，给人类行为以指引。因此，今日的史学家要经常把“这类的感情”当成激发自己进一步研究的推动力。对这类历史人物进行评价，要看到他们的遭遇、行为、事迹及人格与今人情感共鸣的一面；要看到今人通过古今同在的良心真切感受到他们道德人格感召力的一面。

徐复观发现：“一般史学家对人物的评价，因为只从间接的材料着手，所以常常受到地位、名誉的限制，在地位、名誉导引之下去加以把握。”② 徐复观认为，史学家要论定历史人物的价值，不应仅仅以历史人物外在的声誉、名望等为准则——“在价值判断上，人格的高低才是判断人物大小的标准”，“对于人自身的把握，对于人自身问题的把握，知识是第二义的，人格才是第一义的”③。他认为，史学家要重视的是历史人物的精神及其影响，要看到历史人物的德行伦理价值超越时空界限，在时代的特殊性中显出普遍性的意义。

---

① 徐复观：《徐复观文存》，第324—325页。

② 徐复观：《徐复观文存》，第324页。

③ 李维武编：《徐复观文集》（卷二），第254页。

至于对历史人物德行品格的评价，徐复观认为，史学家应从传统儒学中汲取养分。以惩恶劝善为价值准则的中国传统史学，素来重视对人物道德伦理的评判。《论语·子张》曰：“大德不逾闲，小德出入可也。”朱熹训释云：“大德、小德，犹言大节、小节。闲，阑也，所以止物之出入。言人能先立乎其大者，则小节虽或未尽合理，亦无害也。”何谓大节、小节？刘宝楠说：“大节，安国家，定社稷也。”小节，即为私人之生活道德品行。《论语·微子》则云：“无求备于一人。”结合来看，孔子对历史人物的评价重大节，以平恕之情而“见人之一善而忘其百非”，即主张略其小节。

徐复观承儒学的血脉渊源，对历史人物道德的评价也根据儒家伦理价值准则，亦重视人之大节与小节。徐复观说：“所谓大节，是就个体生命，直通于国族生命，因而发生无穷无尽的责任感担当感而言。”[①] 小节则指个人生活的规范，如求名求利之心等。徐复观认为，史学家对历史人物道德的评价，应该只在大节上论是非；如果过分地在琐事细节上纠结，苛求历史人物，有失自孔子以来所极力提倡的恕道；并且，专注小节，势必会对大节有所忽略，如此则会本末倒置，轻重失衡，论人失之偏颇。具体到对人物大节的论断，徐复观认为，评判历史人物的关键是看是否站在人民的立场，必须将“民族国家的大利大害”作为“衡断文化，汇合文化的最高标准”[②]。以人民及国族的利益作为评价历史人物道德人格的最高尺度，这一原则不仅贯穿于徐复观的学术著作，亦显现在他的时论杂文中。他曾深有感触地

① 徐复观著，陈克艰编：《中国知识分子精神》，第48页。
② 徐复观：《徐复观杂文补编》（第五册），第198页。

说："我是一个中国人，一切问题，自然从中国想起。"① 人民的利益，国家的前途，不仅是徐复观评价历史人物的终极标尺，亦为其观察现实情状和探究一切学术问题的立足点。

二、评价人物的方法

历史人物及其行为所形成的活动之迹，很多于今日来看都杳杳无音，渺不可寻。史学家所能知的，唯有以文献载记和遗物残片为中介获得。加之有时空变换，居今之世，论古之人，不亦难乎？徐复观认为，有古今间隔为"天然"限制，史学家首先面临的是古与今观念转换的问题。要了解及评价古人，史学家要进行古与今观念的转换，须知人论世。

孟子首倡知人论世说，其言曰：

> 以友天下之善士为未足，又尚论古之人。颂其诗，读其书，不知其人可乎？使以论其世也。是尚友也。（《孟子·万章下》）

此本为针对士之尚友而发，然亦引出读书识人之方法、原则。徐复观对"知人论世"诠释道："'世'等于今日之所谓'时代'或'社会'。'颂其诗，读其书'，要深入进去以把握诗、书中的人，人是活的，是有精神血脉的。把握到诗、书中的人，不仅诗、书也是活的，也成为有精神血脉的，而且此时所见的不是文字的世界，而是人的世界。"② 读者由文字见其背后鲜活而具体的人与世界，并洞烛历史

① 徐复观：《徐复观杂文补编》（第四册），第 1 页。

② 徐复观：《徐复观论经学史二种》，第 33 页。

人物所处之“世”的方方面面。读者在“论其世”的基础上，把人与时代、社会现实紧密地联系在一起，在彼时代中评判人，在“人”与“世”的互动中感知和把握历史精神。可以说，徐复观对知人论世的诠释，为我们指出了一条在时代语境中把握古人思想的取径。

徐复观认为，对人物价值进行评判，万不可将人作为抽象的、非历史的存在来看待，历史人物皆为具体时空下具体的生命存在，史学家必须把历史人物放在特定的时代语境下来评判其价值与影响，应在时代各种不同思想因子碰撞、衍生及流变中看到其互相联系、彼此交织且动态发展的过程。历史人物的思想与其所处的时代、社会现实之间是相互影响、相互依存而不可割裂的。因此，史学家对历史人物思想的论定及把握必须明白：

> 一个人思想的形成，常决定于四大因素。一为其本人的气质，二为其学问的传承与其功夫的深浅，三为其时代的背景，四为其生平的遭遇。此四大因素对各思想家之影响力，有或多或少的不同；而四大因素又互相影响，不可作孤立的单纯地断定。气质可以影响一个人治学的方向，而学问亦可以变化一个人对气质控御的效能，这是可以得到一般的承认的。处于同一时代，受到同一遭遇，因气质与学问功力的不同，个人的感受、认取、心境，亦因之而各异。反之，时代及遭遇，对于人的气质的熏陶，与学问的取向，同样可以发生很大的影响。这也应当可以得到一般的承认。①

这段话可谓徐复观关于理解古人思想的精髓之论。从中可以看出：

---

① 徐复观：《两汉思想史》（第二卷），第344页。

徐复观是从历史人物的现实处境切入其思想的，把人物的现实遭遇、内心想法、行为等置于具体时代语境中来考察，人物呈现的是具体、鲜活而生动的“时代演出”。时代语境的重建，使史学家做到论“世”以知人，则能加深史学家对彼时之“世”的了解。这种阐释思路，让徐复观的思想史研究生发出较为凝重的现实感。

以上诠释古人思想的方法论原则，徐复观多有实践。我们以其对刘向思想的诠释为例来探讨。刘向贵为皇室宗亲，地位显赫，有源远流长的家学之雅望，却多遭变故。刘向因文采出众深受宣帝赏识。元帝时，宦官与外戚相续弄权，他因直谏被贬为庶人，十五年不见重用。成帝继位，刘向又逢外戚王氏弄权。可以说，刘向的一生，就其家族和个人的遭遇来看，都是颇为曲折的。由于政治遭际曲折，刘向陷入失意、沉沦与忧虑，将之化为著述文字，以表心曲。徐复观对刘向思想诠释的方式是：注重其思想与时代现实之互动。刘向所面对的，一面是专制环境之迫压，一面是个人遭遇之不顺，两者交织一体，察照出刘向内心之苦痛，以了解其著述之宗旨，寻其终极关怀之所在。徐复观知人论世，明白了刘向著述是由时代困惑和思想焦虑而引起，反映了他所处时代的诉求。通过徐复观对刘向的评价我们发现，在徐复观的思想史视域当中，人被作为历史舞台的中心，置于其所处的时空语境中，他在历史人物的思想与时代的互动中观察其行为，通过以心观心的“追体验”，体验今与古共通的人生感受。难怪徐复观对刘向的文章发出了“有由深刻地现实经验而来的感慨在里面”① 的评价，而这何尝不是其对自身际遇真切体味之叹惋呢？

① 徐复观：《两汉思想史》（第三卷），第68页。

徐复观认为史学家评定古人，应注意其所受的时代限制。史学家论人切忌“不顾自己立身行己之若何，而轻以不合当时情实的高调加之于古人”，尤其是不顾主观的限制，“不仅以自己的生活态度做评论古人的标准；并进一步认定古人的人格、学问，都会和自己一样”①，以自我为标准，将古人当成自我注脚，当成表达个人思想的工具。更有甚者，如过去的理学家常置古人所处环境于不顾，论古人是非，常常用理学的道理，“而轻以僵硬的‘理’的观念，责人以不死”。如此方法，在徐复观看来“不能委曲以尽人之意”，更“不能深原古人之处境与用心”②。徐复观认为这种“拿今人的社会环境作评判古人思想的尺度；或者恨古人的思想，并不能作今人行动的蓝图；乃至把今人的一切罪恶，都归到古人身上，这只是表现自己的惰性、堕落”③。

徐复观认为，每个人都生存在具体的历史条件之下，很难做超越历史的突破。对人对事的价值判断，必须在具体的历史条件之下有比较性地做出选择。我们都应知道古人的观念对错皆存，无论赞成还是反对，史学家都要“根据一种事实、理由，而不接受他，或进一步去批评他”，以历史证据为准，才可能“对人对事所作之批评，贵能得其平，尤贵能得其实”④。

---

① 徐复观：《徐复观文存》，第 196 页。
② 徐复观：《中国文学精神》，第 449 页。
③ 徐复观：《中国思想史论集》，第 110 页。
④ 徐复观：《中国艺术精神》，第 300 页。

第四节　史学评论的目的

徐复观说："历史批评的后面，必潜伏有对自己所处的时代的批评，或实际即是指向自己的时代。"① 这句话可谓徐复观对其评论旨归的自道。也许我们可以这么说，徐复观的历史批评背后的终极关怀实际指向他所处的时代，他对一切历史问题的提出、评断、结论，其实都"潜伏"着时代的印迹。那么，徐复观对其所处时代的思想文化情状有怎样的批评及希冀？对此问题进行探讨，可显其史学评论的目的及时代关怀。

近代中国，新旧混杂，中西文化交融，各种思潮多歧互渗，从思想学术以至政治现实，代际更迭频仍，变动冲突较为剧烈，思想学术的传播步调不同、发展阶段不一致。这个时代，在唐君毅看来，中国文化因西方文化袭入而一步一步退却，为西方文化所征服；在牟宗三看来，这是一个中国文化及承载此文化精神生命的学者的思想被拔根挂空的时代："整个时代在破裂，吾之个体生命亦破裂。"② 徐复观认为，此时代乃"不思不想"的时代，一个"空前的危机世纪"，亦可谓传统断裂解体的大变局时代。

在此唯新是求（"新"即是"西"的代名词）的时代，一切问题

---

① 徐复观：《两汉思想史》（第二卷），第325页。

② 牟宗三：《时代与感受》，台北：三民书局，1989年，第147页。

的解决都转向了西化。传统文化被今人以自卑自轻自贱的目光看待，徐复观看到不少人以“满面羞愧”的自卑心理来面对文化问题，许多人觉得“只有咒骂侮辱自己的历史文化，才能减轻作为一个中国人的罪孽感”。不少人对中国文化所做的不负责任的浅论太多了，对数千年的传统文化持唾弃的态度。不少知识分子出于一己之私，“毫无分际地阿谀与自己利害有关的今人，却又无知而又急于想出风头的关系，便以一股乖戾之气去冤屈古人”①，污蔑传统。

面对传统文化在此时代遭到污蔑与粗暴的对待，已到迟暮之年的徐复观拿起手中的笔进行抗辩和申诉，希望为中国文化“申冤雪耻”。他抗辩的目的“只在为被集体诬蔑、被集体侮辱的中国文化，能延续一线之命运”②。他希望通过现代诠释，还中国传统文化本来面目，期待着我们的文化，不再受国人自暴自弃的糟蹋，刮垢磨光，以真精神帮助国人渡过目前的危机。这亦为其史评之归旨。

在中西文化思想激烈冲突的近世，徐复观发现许多反对西方文化者多出于民族感情，并非对西方文化本身进行理性的批判。许多持激烈反传统立场的学人反对中国文化，多出于对西洋势力的欣羡，而非出于对中国文化的反省。无论是保守派学者还是新派学者，都陷入了口号式的呐喊，不是武断地打倒，就是颟顸地拥护，采用非此即彼的“二分法”思考模式。许多人对中国文化问题的思考，人云亦云，一知半解；对文化问题的讨论，不从根本上去求，不从深度上去看，跟风从之，完全失去了以自主性衡量中国文化的立场，也缺乏自我反省

---

① 徐复观：《徐复观最后杂文集》，第86页。

② 徐复观：《学术与政治之间》，第5页。

的意识。更有甚者，把自己的偏曲之论当成知识世界的全体，对自己不知道的知识武断地以各种理由拒斥。上述思想文化论辩问题之所以会出现，在徐复观看来，是因为论者都缺乏“由平实正常的心理所形成的堂堂正正的态度”，缺乏“一任自己理性良心的评判、选择、吸收、消化”的自觉反省意识①。

徐复观认为，对中国文化的思考首先必须有“人格尊严的自觉”，因为只有“一个人，一旦能自觉到其本身所固有的尊严，则对于其同胞、对于其先民、对于由其先民所积累下来的文化，当然也会感到同是一种尊严的存在”②。只有意识到人格尊严的独立，才会为维护传统文化理念的传承挺身而出，反省自己，估计、分析新的环境与新的事物，从而做出合理的判断。其次，讨论中国文化的态度，应突破“二分法”的思维模式，不是做口号式的宣传，“而是要从具体的历史条件后面，以发现贯穿于历史之流的普遍而永恒的常道，并看出这种常道在过去历史的具体条件中所受到的限制。因其受有限制，于是或者显现的程度不够，或者显现的形式有偏差。今后在新的具体条件之下应该作何种新的实践，使其能有更完全正确的显现，汇合于人类文化之大流，且野心家不能假借中国文化以济其大恶，这才是我们当前的任务”③。最后，对于中国文化现状的问题，徐复观主张，应摆脱主观片面的认知，应清楚地认识到，对于无涯的知识领域，每个人都是“偃鼠饮河，不过满腹”；对于无尽的人生境界，每个人都可以自足于

① 徐复观：《学术与政治之间》，第5页。
② 同上。
③ 徐复观：《学术与政治之间》，第7页。

当下，但同时也会感到仰之弥高。渊深博大的学海，没有一门知识能够统摄所有知识。没有研究到的地方，不曾下过功夫的问题，不应信口批评，应看到自身的不足；没有达到的人生境界，万不可独断否定，应真诚地尊敬。这是学术态度之坦诚，也是对知识局限之警惕，更是一个学人所应必备的基本素养。

在反传统氛围中，中国文化被新派学者和西方汉学家视为断简残编中的一堆材料，只需整理一番，以便归档。这种态度在海外汉学界尤为突出。徐复观以卫道立场维护中国文化，批评西方汉学家将中国文化研究材料化，认知片面化。徐复观认为，其对中国文化的研究理念基本与中国新派学人相通，即都是想证明中国文化已经“死亡”。除此之外，美国人还带有一种政治现实的需求。动机决定了治汉学的西方人士没有接触到中国文化的核心问题。流风之所播，在与西方汉学界对话的过程中，徐复观看到，一些学者总是想在西方文化的屋檐之下找容身之地，“中国的学者失掉了主导的作用；并且对于中国文化的看法，不能根据自己研究的结论，而只是想在西方人的结论中讨便宜”①。对这种一味以西为尊的研究立场，徐复观极为愤慨。费正清对孔子的德治理念轻下论断，认为孔子所提出的德治思想是一个虚幻的神话，一场儒家政治的虚构。徐复观认为费正清没有找到孔子论断的精髓，把德治与刑罚联系起来，这是对中国文化的误解。② 今日来看，徐复观的观点带着意气，然而从另一方面来看，其针对现实从“良心”所发之辞，正是徐复观之学的精彩之处，正好显现了徐复观

---

① 徐复观：《徐复观文存》，第175页。

② 徐复观：《中国思想史论集》，第116页。

之学的特点：涵摄特富，气象特宏，感愤特深。

徐复观认为，要纠正将中国文化视为材料的研究方式，史学家在研究立场上要承认，中国文化的工作有自身的客观标准。史学家要持温情敬意的态度承认中国文化为鲜活的生命，研讨时要摆脱言西学者轻率浅薄、无根无实的见解，以逻辑为导引，对现实予以关注、思考，同时，不废思辨之功，二者相提并进，才可对中国文化有真的了解。史学家亦应明白，历史事实的寻求和文化价值的要求并非同一东西。“研究历史文化的学者，主要是研究文化要求与历史事实的相互关系，在许多历史现象中分别出来，那些是文化改善了历史事实？那些是历史事实阻碍甚至歪曲了文化的要求？”① 从事实与价值分判的原则出发，才可见中国文化之真面目。

徐复观一再说他踏入学术界是因“感愤之心”驱使，由“感愤之心”生发的现实关怀使他选择以治思想史为职志，以明了中国文化的出路。带着时代关怀踏入学术圈后，徐复观发现，一些研究成果不仅对问题的背景没有把握，甚至对基本材料也缺乏起码的诠释思路；即使看到自己的错误，一些学者也缺乏反省；学术圈里对青年哄骗的风气太盛，许多青年才俊，被一些人作为维持自己的地位和饭碗的工具，才华被白白糟蹋掉。面对假、大、空的浮薄之风，徐复观希望大家都能以客观态度面对知识领域的错误，具备谦逊、平实的为学风格。徐复观对青年寄予厚望，他恳切呼吁：“已经在学术界中取得一些地位的先生们，要有学术的良心，要有学术的诚意，要向下一代敞

① 徐复观：《学术与政治之间》，第212页。

开学术研究之门。”[①] 他发出了“治学上抢救青年”的呼号，写下文章《从学术上抢救下一代》，以期对抵制不良学风尽自己的一分力量，给治学有诚意的青年以些许启发、纠正。

徐复观亦对学界凭人情世故来处理学术文化问题的风气提出了批评。在他看来，学术堕落的表现就是学人自甘堕落而贪小便宜，人情世故湮没了求真求实的风气。他认为，如果仅凭人情世故处理问题，学界懒惰和取巧的病会愈发严重。因为懒惰和取巧，一些人不肯下功夫做精专的研究工作，以敷衍的态度面对学术，长此下去，学术研究的根基会愈加浅薄，“以致聪明的人，为了获取名声，保持名声，便千方百计地去找新奇；寻找新奇之念，远远超过求理解、求真实之念。于是许多新奇之说，皆建立在一知半解，以偏概全，以想象代替逻辑推理的情况之上。换言之，走上了以新奇代替真实，淹没真实的一条道路”[②]。徐复观认为，要改变和纠正求新求奇的学风，杜绝偷懒取巧，应在真实中求新，而不必求奇，乃至宁愿守住真实，为学术上埋头闭户，不务声华。

徐复观对学术圈弊端的直陈批评，引起不少“学者名流”的愤怒，他们展开了论战，使徐复观常深深地叹息，这体现出他的责任担当和良心感触。然而这何尝不是他“史德”之体现呢？诚如他晚年所自陈：“三十年之著作，可能有错误而绝无矫诬，常不免于一时意气之言，要其基本动心，乃涌出于感伤时世之念，此则反躬自问，可公

① 徐复观：《中国人性论史》，第5页。

② 徐复观：《两汉思想史》（第一卷），第240页。

言之天下而无所愧怍者。”① 从其字里行间可以看出，徐复观在“哀其不幸，怒其不争”的悲郁心境下感怀起念，一时出愤激之语，他确实以真性情发出史学家应有的良心呼唤，尽了他对时代的责任。

① 徐复观：《中国思想史论集续编》，上海：上海书店出版社，2004年，自序第3页。

第七章

徐复观史学研究的特点及其启示

第一节　徐复观史学研究的特点

港台新儒家群体发现了近代以来中国文化转型所面临的问题，都希冀从传统文化的探求中找到中国的出路。新儒家学人批评西化派对传统全面否定的态度，认为西化派以西学价值系统为准则处理与重组传统的知识系谱，摒弃了传统文化精神的真价值，不能从根本上解决问题；认为文化与历史一体，时代危机并非皆来自文化，历史文化是民族生命机体之所存，只有到历史文化中寻求现实出路。虽新儒家学人都坚守文化本位立场，但就探求传统思想的路数而言，不同于唐君毅、牟宗三等人以形而上思辨的哲学层面进行诠释，徐复观是以思想史的路子切入中国文化问题的研究，一方面沉潜于原典资料的分析与综合，辅之以严谨细密的考证；另一方面以功夫体认深契古人精神义理，做到了对中国文化平实性格之呈现。考据与义理兼顾的治学方法，使徐复观的学术研究通贯一种强烈的“历史精神”。这种“历史精神”体现出徐复观与唐君毅、牟宗三等人在治学取向、角色定位上的最大不同。那么，徐复观的史学研究呈现出什么特征呢?

郑家栋发现，对新儒家群体的研究评断，人们似乎多言境界，而很少论及境遇。所谓境界，是指新儒家学人思想中那些普遍的道德心性及其所显现出来的形而上学的层次。而所谓境遇，是指新儒家学人个体在社会和历史背景下的生活际遇及感受。郑家栋认为，在激烈变革时期，“个人的遭遇又往往是与社会、时代的因素不可分割地纠结在一起，特别是对于一位‘以天下为己任’的儒者更是这样”①。

以郑家栋之论为参照，则徐复观史学研究的特性，应置于20世纪中国的历史背景下去把握。对于20世纪中国所经历的前所未有的灾难，徐复观有着切肤之痛。几十年的军政生涯，使他看到许多政治人事变迁，“一转眼间便跌得云散烟消，有如鼠肝虫臂。并且还亲眼看到无数的纯朴无知的乡农村妪，无数的天真无邪的少女青年，有的根本不知今是何世，有的还未向这世界睁开眼睛，也在一夜之间变成待罪的羔羊，被交付末日的审判”②。所见使他心生苍凉悲悯之感叹，毅然决定退出政界，矢志以文化救国。“浪子回头”的徐复观一改其往日对中国文化厌弃的心理，重新捧起线装书，将其真实体验和古书之理相印证，深刻地认识到：中国问题，必须回归传统以寻求解决之道，以儒家思想“现代的疏释”为基点，“才能从历史和时代的泥淖中拔了出来，得出一个确然不可移易的分际和信心”③。

当徐复观从政界踏入学术圈，所见是自“五四”以来所形成的反传统思潮之笼罩，传统被“连根拔起”，当作中国现实问题未能解决之替罪羊，许多人菲薄而不敢正视传统，甚至以自轻自贱的心态歪曲传统。西化派批评传统文化带来负面影响，使徐复观“越发感到‘学术亡国’

① 郑家栋：《断裂的传统》，北京：中国社会科学出版社，2001年，第406页。

② 徐复观：《学术与政治之间》，第8页。

③ 徐复观：《学术与政治之间》，第9—10页。

的倾向，比其他政治社会问题更为严重”①。于是他“感愤之心”顿生，拿起手中的笔专写文化评论性文章，不写“不食人间烟火”的文章。这些文章都是紧扣时代脉搏立论，徐复观的治学理路在整体上显出鲜明的时代特征。

徐复观说：“一切的批判，一定会以时代为对象，以时代为基盘；断乎没有离开时代性的批判。”② 可以说，以时代为基点，徐复观的历史研究和对现实情状的判断评价，是合为一体而不可分割的。在徐复观看来，如果仅仅立足于对当下的反思，史学家的关怀表现出的“不过是批判小的”一面。他认为，历史研究对现实所发出的批判，必须“找出一种基础更为广大的批判尺度”，徐复观对时代思想文化现状、学术风气表象的批评背后，不仅仅是为中国文化“打抱不平”和希冀学术风气好转的时代诉求，更有背后“更为广大的批判尺度”。其批判的终极关怀宗旨为何？从徐复观史学研究所透出的睿见卓识我们发现，其中暗含着对伦理道德重建的关注，他将对孔孟之学的继承与现代的疏释作为道德文化重建之资源，回应时代的焦虑、困惑及迷茫。徐复观无意于构建一个庞杂或系统的哲学架构，对于他这样有着强烈时代责任感的思想史学家来说，史学批评所关注的是终极而宏阔的课题：中国传统文化是否还有价值？传统文化今日之价值何在？等等。他认为，史学批评的终极目的在于恢复传统儒学的本来面目，并告知世人传统儒学有改造新生之价值。同时他认为，在传统文化断裂的时代，对现代学人浮薄风气及错

---

① 徐复观著，萧欣义编：《徐复观文录选粹》，台北：台湾学生书局，1990 年，第 2 页。

② 李维武编：《徐复观文集》（卷一），第 9 页。

误认知的批评，最终目的是顺着孔孟的真正精神，把中国文化原有的真精神重新疏导出来。徐复观所有文化思想方面的抗议与批判，都是为了在时代滚滚洪流中找到中国传统文化的重建之路。

在“感愤之心”的推动下，徐复观将研探古典作为走出现实困境的路径，史学研究立基于儒家人文主义精神，尤为彰显儒家为己之学的传统和忧患意识。换言之，徐复观的史学研究是以“感愤之心”为动力，为己之学和忧患意识是其研究围绕的两个轴心。因此，徐复观的史学研究可以说是儒家人文精神在现代学术语境下的继承和发皇。

徐复观在临终前几个月写下了他的最后一篇文章《程朱异同——平铺地人文世界与贯通地人文世界》，指出由孔子“开辟”的为己之学，建立起的是道德主宰的人文世界。为己之学在功夫践履的体验内省的过程中，以成就人之行为为归旨。追求知识的目的，不仅仅是求真，“学文”只是处于辅助层面，更为关键的是通过学习，成就自我道德人格的发现，以求内在精神品质的提升。“道问学”与“尊德性”相辅相成，构成了为己之学的内核。为己之学的求“仁”，不仅仅求“道问学”的见识增长，更要通过“文”之修习，知人伦道德规范之所“立”就在“礼”，通过“克己复礼”完成“仁”的领悟与反省，促进个人道德与素养不断提升。通过为己之学不断精进，用一生之力不断实践、领会，将爱“推”及广大的社会群体、现实生活，以连带的血缘纽带和群体所认同的伦理规范为依据，修己以治人，可称为内圣外王之道的完成。可以说，为己之学强调的核心就是成德教化之旨。因此，践行为己之学的史学，须伴以成德之教的诉求，认识史学之“义”应从修己之内求走向安人之外助，负起对时代的责任。

据此，徐复观做史学研究时对时代问题倾注颇多心力，其中渗透着颇为凝重的现实之感。如他特别强调历史的经世、鉴戒功用。在历史认识论中，他颇为心契克罗齐的“一切历史都是当代史”的说法，指出史学家对事实的选择，应以现实为出发点。他的史学批评，更是直接指向时代学风、社会现实问题等方面。其中，最能体现徐复观史学研究现实性一面的，是他对研究目的自陈。徐复观认为，从思想史角度切入中国文化的讨论，最终是为了寻求儒家传统思想资源与现代社会的衔接。

返本以重建传统的徐复观，面临着以何为价值本源的问题。徐复观以儒家心性之学为思想资源，将中国文化的价值根源建立在人之为人的“心”上。在徐复观看来，中国文化价值根植于人的心性，其所呈现出的发展趋势是从上向下落，从外向内收，经历了长期的历史变迁。据此，他以人性论之产生、发展为研究内容，从思想史演变的角度勾勒中国人文精神形成的过程。徐复观指出，中国文化产生之初将价值根源归于宗教意味的外在之神；西周克殷商后，始对“天命”之转移有了新的自觉。在周公等人看来，西周之所以能取得政权，是人努力的结果，吉凶祸福并非自然所为，有“天命”，而决定“天命”是人的主观能动性，人对自身行为负责。人的谨慎和努力，表现在“敬”“敬德”“明德”观念上。尤其是由“敬”产生的对“天命”的恐惧，是直承忧患意识而来的。而忧患意识的产生标示着中国人文精神的跃动。

何谓忧患意识呢？徐复观指出，所谓忧患意识，与作为原始宗教动机的恐怖、绝望是不同的。人类一般是在恐惧绝望中感到自己渺小，而放弃自己的责任，一凭外在的神为自己做决定。这种任凭外在的神来做决定的行为，脱离了人类自身意志的主动与理智的导引，使人类“在幽暗世界中行动”。忧患意识与幽暗意识的最大不同在于，忧患意识“乃是从当事者对吉凶祸福的深思熟虑而来的远见；在这种远见中，主要发现了吉凶成败与当事者行为的密切关系，及当事者在行为上所应负的责任。忧患正是由这种责任感来的要以已力突破困难而尚未突破时的心理状态。所以忧患意识，乃人类精神开始直接对事物发生责任感的表现，也即是精神上开始有了人的自觉的表现”①。正是从中国人自觉有了忧患意识那刻起，中国人文精神的发展方向是：人对自身行为及现实问题的思考，由外在之天命转而向内“心”，寻求价值之源。忧患意识蕴含着人的理性的担当、奋发的精神，奠定了中国精神文化之基型，成为后世儒家由外向内、由上向下开辟道德价值根源之“心”的原点。

也正是以忧患意识所生发出的儒家人文精神为基点，徐复观的史学研究，以道德主体之“心”为认识、评断之准则，从“心”来阐发中国历史文化的价值。此“心”根植于人性论，为贯通徐复观史学研究之根脉，是衡量人事的标准，而不是外在权威所施加之准则。把握住“心”，就能对徐复观整个学术研究的终极思考之源有所理解。徐复观的史学研究，以“心”为基线，把人看作历史的核心，认为史学家应关注人性，思考人性，应重视对人之为人的道德精神之阐扬，自觉以之贯通史学研究。因为重视道德之自觉、内省，所以徐复观认为史学研究就是要显扬“抽象的思想背后活生生的人”的生命价值，用真实存在之“心”，古今同存而基于人性本质之相通之“心”去理解历史，突出人的人格、气节、尊严的可贵，尤其要表现历史人物的挣扎、反抗及求生之呼号。

① 徐复观：《中国人性论史》，第 14 页。

第二节　徐复观史学研究的启示

通过以上分析可以看出，徐复观的史学研究继承传统儒家人文精神之意味较多，开拓创新之意味较少。诚如论者所言，徐复观有基于道德心性史观之立场，取材于传统儒学思想资源而形成的研究路向，“具有浓厚的理想主义色彩，从根本上说，并没有脱离我国古代思想史学家的老的套路”①。我们需要进一步追问的是，此“老的套路”在20世纪中国史学的发展中的价值是什么？

要对徐复观史学研究的价值做整体性的分析与评估，必须据其思想情感、研究态度与立场予以学派、思潮归属之定位。大体来看，徐复观之史学研究，多是在“老的套路”上致力于“说明中国文化之真相，究竟如何”②的探求，持对民族传统文化具有温情敬意之立场，强调历史文化传统作为民族精神之所系的重要性，谋求在现代思想语境下融会贯通中西之学，通过对儒学传统的“现代的疏释”复兴传统，为解决现实问题提供借鉴，并为民族精神认同提供助力。他的这一研究趋向，显现出与民族文化主义史学思潮相通之特性。因此，我们可以将徐复观的史学研究归入文化民族主义史学之列来进行分析。

① 郭齐勇：《论徐复观的思想史观》，载李维武编：《徐复观与中国文化》，第376页。

② 徐复观：《论战与译述》，台北：志文出版社，1982年，第174页。

对徐复观史学研究价值的研判，必涉及如何看待文化民族主义史学思潮之价值。可以说，作为一股不可忽略的学术思潮，文化民族主义史学并非严格意义上的思想流派，却一直有着强劲活力。它产生于20世纪的中国并非偶然，是与民族所面临的政治危机、文化解体危机相伴的。20世纪初，以章太炎、黄节为代表的国粹派，在西学东渐、国势衰微的时代背景下，就保存传统的问题竖起“国粹”之旗，呼喊“国光”之论。“五四”以降，在反传统思想语境中，以学衡派、“史学二陈”为代表之史学家，进行严谨的史学研究，提出“文化民族”之论。1935年，何炳松、王新命等人发表《中国本位的文化宣言》，提出“中国本位文化”论，并将文化本位精神奉为治史之圭臬。1949年之后，以港台第二代新儒家学人为代表的学者发表《中国文化宣言》，将心性之学作为研究传统思想的路向，指出研究中国文化之态度、立场及文化传统重建之方向。对此思潮的整体价值，曾有论者说，文化民族主义史学的具体研究，可以“使人们对往迹有体察入微的感受，对民族特性的揭示更细致，更易深入人心。而从回应现代性的挑战而言，传统经验中可借鉴的意义则不强，同时也无力提出整合新旧经验的理论方略，因而应变能力较弱”①。对此论断，笔者基本上持赞同态度，并认为可用于评判徐复观整体史学研究成就，只需稍作补充、修正。

20世纪的中国学术，在西潮的冲击下，面临前所未有之迫压。一方面是旧学解体，学统中断，“分崩离析，中学已是无本可据”②。另一方

---

① 高瑞泉主编：《中国近代社会思潮》，上海：上海人民出版社，2007年，第261—262页。

② 桑兵：《晚清民国的国学研究》，上海：上海古籍出版社，2001年，第5页。

面是求新求变成为主流，对于西学的了解，学者们多抱功利心态，据各自之求而取所需，使西学的尺度成为评估中国知识系谱价值的标尺。以西为宗，以西为归，努力同化于西学的思维模式和学科认同，是近代部分学人努力的目标。传统以四部为目录分类的方法被打破，这些学者以西方的学科范畴和规范来规整传统四部的“材料”，重新评估其学术价值，西学的各种思想被用于解释传统。以西学作为标尺来审视传统，涌现了大量“新发现”“新眼光”，也引起了“新争论”。这些“新争论”不过是同化于西方思维模式的中国学者运用西方思想资源重组四部知识资源时发生的分歧。在某种程度上，传统的四部知识分类不过他们是用来佐证和待开发解构的材料而已，西学的影响业已融进了传统四部的再整合和“再发现”思路中。以西学为标尺来处理四部之学，由四部分类所撑起的传统知识系谱的价值和意义便走向失落和衰亡，用传统思维模式建构的那一套经学知识体系、经学分类层次被肢解得七零八落，国人的思维完全被“现代化”，传统经学知识系统必然走向崩溃。最终结果是，影响无处不在的西学，加之中国学人效法、吸收而构筑起新的学术典范，使传统学术体系最终淡出现代学术语境。一次次外在挑战，迫使中国学人一次次思考：在处理传统文化向现代转型的过程中，如何确保传统文化既是中国的，又是现代的？

在以胡适为代表的新派学人看来，对传统文化的重估应本着西方科学客观之实证精神。要使传统文化完成现代转化，要将其作为国故材料来看待，剔除其中所包含的道德伦理说教之思想意义，将历史事实与义理价值评断分开。史学家在解释材料时，应持评判的态度、平等的眼光，尽量持守中立，摒弃主观价值判断，以免其对知识求真产生影响。史学家之研究，应持为学问而学问、无功利的宗旨。新派学人所倡导的治学路子，与持守文化民族史学立场的史学家的治史理念背道而驰，因此遭到后者的强烈批评。文化民族主义史学家力扬传统文化所具有的特殊性、独特性，认为各民族传统文化都是独特之存在，因文化性格有差异，故历史经验亦各具内在独特性，因此，评价传统文化的准则并不能仅用西方体系。文化民族主义史学家认为，历史文化乃为民族精神之所系，蕴含生命文化意识于其中；在研究态度上，认为传统自有其生机活力，史学家应持体验之心；反对新派学人把传统作“材料化”处理的态度，认为历史事实与价值有不可分割的关系，这一点徐复观也有强调。在他看来，历史学之所以成立，就是因为加入了人的价值判断：无价值判断之烛照，则无人之历史之形成。他在史学评论中，对史学家为何要对历史事实加以价值判断给出了因由。新派学人最被诟病的就是他们治史的宗旨，在文化民族主义史学家看来，无功利求真固然精神可贵，但史学家更应积极地回应时代，介入现实，为民族发展指引方向。这在徐复观身上明显地体现出来。

可以说，当我们把徐复观的史学研究融于文化民族主义史学大潮之中，将之作为其中一部分，将其治史理念与新派学人做比较之时，既见其史学思想与文化民族主义史学家群体之共性，亦见其与新派学人之差异，及对新派学人治史理念不足之处的反省。需要指出的是，徐复观在历史认识论方面所持的相对主义史学立场，正是在反思新派实证主义研究不足之处的基础上形成的。需要特别强调的是，与文化民族主义史学家群体中占绝大多数的学院派不同，他非学院派出身，也未受过多少学院派的“正规”训练，没有受到多少外在学术“戒律”限制，他带着自己独特的从政经验介入史学研究中，见人之所未见，发人之所未发。刘述先在评价其两汉思想史方面的研究成果时说：“一些纯书生学者往往不必能道出汉代思想的真相，因为这个时代的思想实在太复杂了，但徐先生以他丰富的现实的经验就能看到人所见不到的角度。他特别能看出那些现实上受到迫害的人像太史公、淮南王刘安一类人的怀抱，而能够挖掘出此中含藏的微言大义；他讲传统政治所牵涉的问题最为深刻。”① 在林毓生看来，刘述先谈及徐复观对传统政治问题“最为深刻”的批判反思，在找寻传统衔接现代的出路方面“给我们的资源比较多”②。如此来看，就回应现代性挑战而言，徐复观的思想成果，有颇多可供借鉴。

余英时曾言：“在现代学术史上，徐先生扮演的是一个十分重要而特殊的角色。他的学术经验和政治经验一样，可以说都不是正统的，但是其价值正在这种地方，他在价值上并不追攀主流或当权派，学术上也表现出伟大的异端精神。他的追求的方向，基本上是一个‘真’字，但是这种真理的‘真’，是有血有泪的，不是枯燥的理性或没有内容的空洞形式。”③ 可以说，由时代经验和任天而动的真性情所赋予徐复观的学术上的“异端精神”，使其史学研究取得累累硕果，但亦多偏颇之论，其得可谓在此，其失亦在此。

---

① 刘述先：《经师与人师》，载曹永洋等编：《徐复观教授纪念文集》，台北：时报文化出版事业有限公司，1984 年，第 127 页。

② 林毓生：《面对未来的关怀》，载罗义俊编著：《评新儒家》，上海：上海人民出版社，1989 年，第 227 页。

③ 余英时：《血泪凝成真精神》，载曹永洋主编：《徐复观教授纪念文集》，第 116—117 页。

附　录

徐复观的经学史研究

源远流长的中国传统学术，经学蔚为显学。然近代以降，在国势衰颓而西风东渐、西学东侵的时代背景下，作为经典权威的经学，面对古今、中西、新旧文化冲突的局面，其致用上的效力渐失。学术经世与救亡图存交织在一起，引起了学者们对传统学术的反思。而在此学术反思过程中，对经学命运问题的思索、抉择成为重要课题。在经史移位，经学式微，史学地位提升的学术转型时期，学者们应以何态度、立场理解经学丰富的内涵？经学之价值意义、功用何在？如何在时代脉动中把握经学的发展趋向？……这一系列的学术命题和时代之惑，使近代众多学者将经学置于学术史回顾的视域中，检讨经学两千多年来发展过程中的得失，遂有诸多经学史著作出现。

经学传承的历史虽悠久，然经学史研究时日甚短。近世经学史学家，诸如皮锡瑞、刘师培、马宗霍、周予同、范文澜等人，基于不同或相近的经学观及经学题旨，对经学思想的发展历程有截然不同或相通的理解，都足以成一家之言。与上述这些学者相比，力守传统本位立场的新儒家学人，虽然也多将四书五经等传统典籍作为研习阐释的主要对象，但大都以文化哲学思辨的形而上学的进路为主，尤其是现代港台新儒学学人，以唐君毅、牟宗三为代表。他们承宋学，讲心性，受到人们的重视。而徐复观讲经学，却没受到重视。原因在于，一般学者皆认为徐复观著经学史文章是在他晚年之时，已患晚期胃癌，癌细胞扩散至背部使他痛苦不堪，于是草草成章，相比《两汉思想史》及《人性论史》等著作，学术成就似乎有所不及。尤其是《周官》的考证问题，被余英时评价为“求深反惑，极尽曲解之能事”①，难免给人以主观武断之嫌。徐复观曾言：“吾辈读古人书，应选长去短；而今人为学，则专欲选短去长，亦可痛矣。”② 以其之言论其之学，笔者以为，不如“选长去短”，对其经学史研究的具体观点虚心涵泳，略作疏解，再作得失之评判。

第一节　对经学史研究范畴等问题的理解

任何一门学科的成立，必有其“合法性”基础。所谓“合法性”基础，是指每位研究者都应知道这门学科研究的范畴、研究的价值意义和目的，知道选择什么立场、路径切入，以求取关于这门学科的知识。探讨徐复观的经学史研究，我们首先需要了解的是，徐复观对经学史这门学科“合法性”基础的理解。

皮锡瑞的《经学历史》和刘师培的《经学教科书》两本著作，算是近代研究经学史的开风气之作。皮锡瑞是今文经学者，他将经学史划

① 余英时：《余英时文集》（第一卷·史学、史家与时代），桂林：广西师范大学出版社，2004 年，第 333 页。

② 徐复观：《学术与政治之间》，第 242 页。

分为十个阶段，孔子删六经为始，清代考证学为经学复盛时代结束。他对经学史脉络的阐述基本是以每个阶段经学的传承为主轴。刘师培是古文经学者，他的《经学教科书》分为两册，第一册阐述经学史发展历程，从“经”之定义，六经在西周的存在，讲到孔子及六经的关系，把经学发展的历程分为两汉、三国至隋唐、宋元明、清代四个阶段，时间线索清晰，然多言经学历代传承的系谱。对以此二人为代表的经学史研究，徐复观评价道：

> 中国过去涉及经学史时，只言人的传承，而不言传承者对经学所把握的意义，这便随经学的空洞化而经学史亦因之空洞化，更由经学史的空洞化，又使经学成为缺乏生命的活化石，则此一代表古代文化大传统，在中国现实生活中失坠，乃必然之事。①
>
> 已有的经学史著作，有传承而无思想，等于有形骸而无血肉，已不足以窥见经学在历史中的意义。即以传承而论，因西汉已有门户之争，遂孳演而为传承之误。东汉门户之争愈烈，传承之谬愈增。《后汉书·儒林传》成篇于典籍散乱、学绝道丧之余，其中颇有以影响之谈写成历史事实。《经典释文叙录》《隋书·经籍志》踵谬承讹，益增附会。及清代今文学家出，他们因除《公羊传》外，更无完整之典籍可承，为伸张门户，争取学术上之独占地位，遂对传统中之所谓“古文”及“古学”，诋诬剽剥，必欲置之死地而后已，使后学有除今文学家的偏辞孤义外，更无可读之古典的感觉。皮锡瑞承此末流，写

① 徐复观：《徐复观论经学史二种》，第163页。

成《经学通论》及《经学历史》两书，逞矫诬臆断之能，立□（原文如此——引者注）隐逆理之术，廖平、康有为更从而诪张羽翼之，遂使此文化大统纠葛纷扰，引发全面加以否定之局，我常引以为恨。①

徐复观对前人经学史研究现状感到不满的主要原因有二：一是以往经学史论著皆言经学系谱传承，未对各时代学者阐释经学的意义做详明考察，使经学史研究在内容上显出空洞化的特点；二是徐复观认为皮锡瑞等学者的经学史论著，门户观念极强，为维护师承、门派，对异己者动辄贬低、批评，言论上臆断偏见处甚多。因此，徐复观决定写一部"可资凭信的经学史"。

写一部经学史，首先需要考虑的问题是研究范畴。徐复观说："经学史应由两部分组成：一是经学的传承，一是经学在各不同时代中所发现、所承认的意义。"② 可以说，徐复观将经学史研究的范畴分为形式与内容两大部分，经学的传承就是形式的展开，有形式等于有了经学的形体；形式所承载的思想是经学史研究的重要内容，有了内容等于有了经学的血肉，经学思想是经学史研究的核心。对徐复观将经学思想的提炼视为经学史"应当努力的方向"的提法，姜广辉认为，此见解"既简要又准确，可谓先得我心"③。

学者们对待经学遗产持不同态度、立场。自"五四"反传统浪潮兴起，"经书即信史"的观念被消解，趋新的学者们不再把经书当经书

① 徐复观：《徐复观论经学史二种》，第3页。
② 徐复观：《徐复观论经学史二种》，第1页。
③ 姜广辉主编：《中国经学思想史》（第一卷），北京：中国社会科学出版社，2003年，第5页。

（圣道）看，而当作史料看；不再把圣贤当圣贤（超人）看，而当作凡人看。提出“层累说”的顾颉刚先生就认为，在进化观念和平等眼光下，对经学的研究，就要敢于打破将经作为偶像的思想观念，以科学方法为指导，将经当作材料来研究，化经入史，始可以见古史之真相。① 持唯物史观的范文澜先生以革命的阶级立场认为，经学为封建统治者的意识形态，是封建统治者在思想方面压迫人民的工具；研究经学的切入路径是改经学为史学，必须反对顽固性道统观念；研究经学的目的在于把经学恢复到古史材料的地位。② 周予同先生也认为，“经是可以研究的，但是绝对是不可以迷恋的”；研究经学的态度“好像医学者检查粪便，化学者化验尿素一样；但是绝对不可以让国内大多数的民众，尤其是青年的学生去崇拜”；研究经学的路数是“从史的角度来研究经学，而不是从原来的经学上去研究……以‘史’的观点来治‘经’，以社会科学的见地，发掘经典里的沉埋的材料”；研究经学的目的就是“要弃其糟粕，取其精华，要通过咀嚼消化，批判吸收。……从而划清思想，提高觉悟水平，‘古为今用’，为当前的政治服务，是有一定作用的”③。

与一直趋新和反传统的学者相反，徐复观有着鲜明的文化本位的道统传承意识。站在传统卫道的角度，“创新的传统主义者”徐复观认为，以经为中心的中国传统文化，“是一道德性底文化。并且是一个大一统

① 顾颉刚：《经学大势与今日任务》，载《顾颉刚读书笔记》（卷四），北京：中华书局，2011 年，第 269 页。

② 近代史研究所编：《范文澜历史论文选集》，北京：中国社会科学出版社，1979 年，第 265—266 页。

③ 周予同著，朱维铮编校：《经学和经学史》，上海：上海人民出版社，2012 年，第 23 页。

底文化”，今人对待传统经学的立场“不是需要反，而是需要清理”①，这首先要求我们在研究态度上承认经学在历史的时空中是“活生生的具体生命”，是有血有肉的人思考出的一套伦理智慧。要对经学有深刻的理解和把握，在研究路数的选择上必须注入问题意识，因为经学思想的阐释，“常因人因时代而不同，所以经学意义的本身，即是一种进动地历史产物，对它必须作‘史地把握’，才可接触到它在历史脉搏中的真生命”②。要阐发经学的内在价值，“对经的义理作新底发掘，必须对西方哲学真有研究的人，把西方思索的态度与线索，反射过来，以作新底反省，才有可能”③。要利用西学思想资源培养思考力，探索恰当的研究经学史之方法。

徐复观强调，要把握经学史研究的意义，必须认识到经学在中国文化史上如一个大蓄水池，既为众流所归，也为众流所出。经学使中国文化从宗教走向人文主义，从神秘走向合理主义，从空想走向人伦日常的实用主义。可以说，“经学奠定了中国文化的基型，因而也成为中国文化发展的基线”④。通过对经学的研究，可达到对中国传统文化的特质有所了解和把握。要把经学看作“历史文化的基型、推动文化基线”，作为恢复历史文化活力的思想资源。总而言之，与新派学人打破道统传承意识和门户之见，将经学视为古史材料的“现代”观点相比，徐复观

① 徐复观著，胡晓明、王守雪编：《中国人的生命精神：徐复观自述》，第164页。

② 徐复观：《徐复观论经学史二种》，第163页。

③ 徐复观著，胡晓明、王守雪编：《中国人的生命精神：徐复观自述》，第164页。

④ 徐复观：《徐复观论经学史二种》，第1页。

的经学史研究虽也主张打破门户偏见——他也主张以平等态度去研究学术问题，但他并不赞成将经学看作毫无思想内涵的材料，也并非仅以客观平正的态度将经学发展历程予以“史”之忠实描述，他所要彰显的，是对经学价值意义、功用的理解。徐复观认为，经学不仅是客观的文字，其背后隐藏着的思想与人格，体现出民族文化活的精神生命和人文气息，凸显的是民族历史文化中人文精神的内涵。他认为，对经学史书写的知识系谱的诠释，必须以儒家的伦理价值判断为准则。这是现代新儒者有别于新派学人的经学史观，这种经学史观的特殊之处在于：经学史研究始终围绕儒家精神与经学发展的关系，重点探讨的是儒家人文精神是如何通过经学的不断深化和发展而在现实社会不断产生作用的。

就此而言，徐复观经学史研究的终极目的，就是认知和还原儒家思想在历史发展中的本来面目、在过去社会中的功用价值及影响等，追远而鉴今，以确定现代语境下以儒家思想为主体的传统文化的内容、意义、地位，帮助中国人在精神上站起来。

第二节　论孔子与六经

六经为中国传统文化的活水源头，言及六经之起源，必论及周公、孔子。宗今文经学的皮锡瑞在其所著的《经学历史》一书中写道：“经学开辟时代，断自孔子善定‘六经’为始。孔子以前，不得有经。”① 持古文经学立场的刘师培在其所著的《经学教科书》中言道：“《六经》皆周公旧典，足证孔子以前久有《六经》矣。”② 他由此推断“故周公者集周代学术之大成者也”，而孔子六经之学，“则大抵得之史官”③。章太炎的看法与刘师培基本相同，他也认为六经乃孔子“述而不作”，并非儒家所独创，而为古代史官文化之结晶。④ 钱玄同甚至认为“孔丘无删述或制作‘六经’之事”，极力否定六经与孔子的关联。⑤ 对于六经的起源问题，徐复观极力批评皮锡瑞的说法：“在历史中很难成立。”刘师培的周公“集周代学术之大成者”的说法，明显与章太炎所言之“周公成文、武之德，适当帝全王备，殷因夏监，至于无可复加之际……斯乃所谓集大成者也”的论断一脉相承。对这种偏向古文经学立场而将周公定位为“集大成者”的说法，徐复观亦认为有失偏颇。虽然对今、古两派关于六经起源的说法都有所批评，但徐复观偏向古文经学派立场，认为“可以把经学的历史追溯到周公，也可以把儒家的历史上推到周公”⑥。换言之，即经学之发轫可追溯到周公及周室之史，是史

① ［清］皮锡瑞著，周予同注释：《经学历史》，北京：中华书局，1959年，第19页。

② 刘师培著，陈居渊注：《经学教科书》，上海：上海古籍出版社，2006年，第15页。

③ 刘师培著，陈居渊注：《经学教科书》，第19页。

④ 章太炎撰，陈平原导读：《国故论衡》，上海：上海古籍出版社，2003年，第56页。

⑤ 钱玄同：《答顾颉刚先生书》，载顾颉刚编著：《古史辨》（第一册），海口：海南出版社，2003年，第86页。

⑥ 徐复观：《徐复观论经学史二种》，第8页。

官文化之产物。史官们最初编纂虞、夏、商诸篇，以作教化训诫之用，并无自觉的史料存留意识。春秋被徐复观称为“以礼为中心的人文世纪之出现”的时代，可谓经学的重大发展时期，《诗》《书》《礼》《乐》及《易》成为贵族阶层的重要教材，且在诠释上由特殊走向一般，由神秘走向理性。《诗》《书》的编纂，于春秋中叶完成；而《春秋》乃成于春秋之末。

徐复观指出，从经学思想、精神的形成上来看，孔子并非开始，也并非终结。他认为是由周公开其先，孔子建其基。孔子奠定经学的基础主要表现在三个方面：第一，孔子把贵族阶层用作教材的六经普及于平民，奠定了尔后两千多年中国学统的骨干；第二，孔子把《诗》《礼》《乐》当成人生教养的凭借，这是来自道德主体的实践反省之后所达到的有秩序的统一；第三，孔子对《诗》《书》《礼》《乐》做了整理和诠释，给《诗》《书》等注入了新的内容，更换了形式。关于孔子与《诗经》的关系，《史记·孔子世家》有“古者诗三千余篇，及至孔子，去其重，取可施于礼义”的记载，认为孔子删诗而成三百零五篇，“弦歌之”，以使“礼乐自此可得而述，以备王道，成六艺”。对孔子删诗说，班固、郑玄、赵翼等人持支持态度。唐代孔颖达之后，不少学者对删诗说提出了反对意见，以朱熹、崔述、顾颉刚等人为代表。徐复观也认为孔子删诗的说法是“难于置信”的，但他没有完全否定孔子与《诗经》的关联。徐复观据《论语》“自卫返鲁，然后乐正，《雅》《颂》各得其所”的记载，认为既然诗乐为一体，孔子正乐必包含着对《诗经》雅、颂篇目的修订和整理。高亨先生亦坚持此说。至于孔子删诗说为何“难于置信”，徐复观未详述理由。传统反对删诗说的理由大抵有以下几条：一是公元前544年季札在鲁国观乐，其所奏风、雅篇，大致与今日所见

《诗经》相同。而此时孔子才八岁，不可能删诗。二是据《左传》所引春秋时期列国大夫赋诗述志的记载来看，此时《诗经》应有一个定本存在。三是孔子删诗应有一定标准，如他在《论语》中有“恶郑声”“放郑声”“郑声淫”的批评。而《诗经》中，郑声却多有保存。四是孔子删诗说未见先秦典籍言及，证之以出土文献博简中的《孔子诗论》记载，未见关于孔子删诗之记录。①

一般认为，春秋之世，周世衰微而礼乐废，“《诗》《书》缺”，孔子“序《书》传，上纪唐虞之际，下至秦缪，编次其事”。徐复观认为，孔子整理《尚书》之事是存在的。孔子对《尚书》的整理，是把整部书的人事加以消化、把握，明了政治上的基本原则，并由此了解历史演变之规律，因此有了他修《春秋》的动机和是非褒贬的根据，这便把《尚书》的价值提升到新的层面。对于孔子“制礼”，徐复观评价甚高。礼是适应宗法制的封建政治要求而建立起来的，并随着周王室政治势力的扩展而得到承认。建立在“亲亲”与“尊尊”为基础的宗法体制上的西周礼乐文化，支配着周朝体制运转。然而到了孔子所处时期，礼崩乐坏，徐复观认为，在此衰乱之世道，孔子对礼做了精神价值上的转换，把“礼”与“仪”加以区分，赋予“礼”以素朴化的精神要求，奠定了广泛的社会性实践基础；他把“礼”与“义”联结在一起，以“礼”为实现“义”的形式，使“礼”适应了时代的变化和发展。

对于《易》与孔子的关系，历来争论颇多。汉唐以来的学者，多据司马迁《史记·孔子世家》的记载，认为《易》为孔子所作。宋代欧阳修对《易》的作者及其成书年代提出质疑后，争论不断。尤其“五

① 施宣宜:《孔子有没有删过〈诗〉》，《文汇报》，2000年8月26日。

四”以降，疑古辨伪之风日炽，受西方实证史学精神影响的近代学人，在古书的处理上，多本着“宁过而疑之”、绝不轻信前人说法的求真精神，又掀起了一场对《易》的热烈争论。大体上看，钱穆、钱玄同、郭沫若等人主张孔子与《十翼》并无多少关联。关于成书年代，钱穆主张《易》成书于商周之际；郭沫若认为《易》是荀子门徒所作；金景芳先生认为《易》为孔子所作，属儒家思想谱系，还是传统观点的延伸；张岱年、刘大钧等学者认为《易》是孔子后学整理加工的作品；亦有学者，如陈鼓应，坚持认为《易》与道家思想有联系。徐复观认为，《易》虽盛行于春秋时期，但得入经学之列是因为孔子。徐复观指出，卦辞、爻辞非一人所作，乃出于占卜者之手，积累渐多，经史官编纂整理，约在西周时期完成。《易》能入经学之列，与《十翼》有关。而《十翼》非孔子亲作，非成于一人，也非成于一时，可能出自孔子的及门弟子或再传弟子之手。他的结论是：

> 经学的基础，实奠定于孔子及其后学，无孔子即无所谓经学。但此时不仅经之名未立，且《易》与《春秋》尚未与《诗》《书》《礼》《乐》组合在一起。因此，可以说，孔子及其后学所奠定的是经学之实，但尚未具备经学之形。①

六经通过孔子而得以奠定基础，但“尚未具备经学之形”，“经学之形”为后世不断积淀而成。徐复观除指出孟子发展《诗》《书》《礼》的意义外，特别提出了孔子作《春秋》的意义。但就经学之精神来看，虽然孔子已经奠其基，但经学要成立，“亦必具备一种由组织而具体化之形式。此形式，至荀子而始挈其要”。荀子把《易》《春秋》与《诗》

① 徐复观：《徐复观论经学史二种》，第29页。

《书》《礼》《乐》联结在一起，为六经的齐备打好了基础。这对汉代经学产生了极大的影响，“尤有功于诸经”在汉代的传播。徐复观对荀子传经之功的评价，与刘师培所言“是子夏、荀卿者集《六经》学术之大成者也”的论点相应，足见徐复观在六经起源及形成问题上的鲜明的古文经学立场。

徐复观认为，经学虽然是经过儒家长期努力形成的，但并非儒家的一家之学，对儒家以外的诸子各家都有相当大的影响。在徐复观看来，儒家经与传的区别，似乎受到墨家经与经说的影响。《庄子》一书虽多有对儒者的讥讽之言，但在徐复观来看，对儒家的诗、书、礼、乐之教，庄子都无法完全摒弃，且还深有吸收。《管子》一书内容多儒家言，尤重视礼。《韩非子》一书虽排斥儒、墨等家，但亦断章取义于《春秋》《诗》《书》。杂家之作《吕氏春秋》中亦多儒家言，《礼》《乐》最为突出。

论及六经的最终形成，必涉及经书的序列问题。《礼记·经解》和《史记·儒林传》都以《诗》为首，而《七略》和《汉书·艺文志》所载，皆是《易》居前。关于六经的序列，之所以会有两种不同的说法，周予同认为，是因为今文与古文经学家对孔子观念的理解不同。古文经学家的排列次序是按六经产生时代的早晚，今文经学家却是按六经内容的深浅。徐复观的看法，基本与周予同相近。徐复观把《礼记·经解》的记载看成“是六经完成的首次宣告”，认为出自荀子门人之手。他认为《诗》《书》《礼》《乐》的序列传统始于春秋时期，至荀子才加进了《春秋》，至《礼记》才加入《易》。《史记·儒林传》的序列，是以五经博士所建立的序列为根据。而《七略》和《汉书·艺文志》都把《易》置于六艺之首，是刘歆之前未有过的说法。刘歆著《三统历》，把《律》《历》《易》三者糅合在一起，所以“《易》为之原”。而班固将《七略》删为《艺文志》，遂后世经学家传承而不变。近年来，随着出土文献的不断发现，周予同和徐复观等人所坚持的传统的六经次序说受到挑战。廖名春据出土文献，认为将以《诗》为首的六经次序归结为今文家之说，属本末颠倒，反客为主。而说刘歆为古文经学争地位而编造《易》居前的说法，理由并不充分。廖名春对传统经学史研究的说法有纠偏、补充，值得注意。①

关于六经并称于何时，历来说法不一。钱穆指出，“经”之称始于《墨子》，其有《经说》上下篇。到荀子时，《春秋》与《诗》《书》《礼》《乐》连称，但不知六经，又不以《易》为经。从孟子到荀子，始赋予《春秋》很高的评价，并与《诗》《书》《礼》《乐》连称。而《易》归于六经之列，“则儒、道、阴阳合糅之徒为之”。六经并称，为汉代之说。徐复观对六经并称问题的看法，与钱穆相近。不过，他认为，时间界线应是秦代。钱穆、徐复观所持观点在近来学界颇具代表性，影响亦甚大。不过，随着出土文献的不断发现，先秦时无六经并称的说法被动摇，廖名春对帛书《要》篇和郭店楚简的研究表明，六经并称起源于孔子，先秦时期即有六经并称的说法存在。不过也有学者反对这种说法。②

通过对六经起源的梳理，关于先秦经学之形成，徐复观得出了如下结论：

---

① 廖名春：《中国学术史新证》，成都：四川大学出版社，2005 年，第 5 页。

② 王葆玹：《儒家学院派〈易〉学的起源和演变——兼论中国文化传统的问题》，《哲学研究》，1996 年第 3 期。

以先秦的资料证明经学非出于一人一时，而系周初以来，由周室之史，经孔子及孔子的后学，作了长期选择、编纂、阐述的努力，以作政治、人生教育之用的。①

可以看出，徐复观是将经学的成立及其发展看作一个不断流变积淀的历史过程。他对经学史的研究渗透着浓烈的史学意识，以“史”之眼光，动态的、变迁的向度去探究经学传承及其影响。他对经学的起源与发展历程的理解，并不在于对典籍成书、作者及内容细节等具体内容之考辨，而着重于对经学典籍思想功用之理解。

第三节　对西汉经学史的看法

两汉经学的兴盛，是中国学术史发展的重要一环。然近世学人对两汉思想地位的评价很低，认为汉儒杂糅阴阳五行学说以缘饰儒学，遂使灾异迷信之说泛滥，导致中国学术至两汉陷入堕落，所以两汉经学无可观之处。冯友兰在《中国哲学史》中把董仲舒的学说视为子学终结、经学开始的分界，似有把两汉经学看作西方经院哲学之见。熊十力、方东美都认为两汉经学的发展斫伤了自先秦以来蓬勃发展的文化精神，削弱了民族思想的创造活力，封闭了宽宏大度的民族心胸，是“以无本之

① 徐复观：《徐复观论经学史二种》，第4页。

学，虚词搪塞，以悦君主而充博学而已”①。牟宗三也认为：“两汉经学之中较少哲学问题，因此我们略过不提。”②

在同属新儒家群体的徐复观看来，方东美、熊十力、牟宗三等人对两汉经学的看法是一种偏见。他认为，两汉经学的背后实有真精神的跃动，与宋明程朱、陆王的理学实有学理上的传承，惜今人不能了解。清代乾嘉学派抹杀了汉学的生命与精神，使之沦为零碎纸片。乾嘉学派以复古为目的，谬说相承，积是成非，将两汉经学的发展传承隐没于浓烟瘴雾之中，任意涂抹。乾嘉学派根本不知宋学真面目，根本不了解两宋之学系承袭两汉学问发展而来，更遑论其对两汉学术经世精神的了解。乾嘉学派校勘考释的饾饤琐碎之学与两汉学术真正经世致用的精神相去甚远，甚至南辕北辙。近代以来，以胡适为首的新派学者，更是以西方科学方法附会乾嘉考据，提倡“整理国故”的学术运动，使两汉经学的真实情状愈说愈变形，渺不可知其真面目。

经学为两汉思想文化的一个重要分支，徐复观之所以要梳理清楚其中的学术系谱，阐发经学思想的功用、意义，目的就是要澄清乾嘉学派所讨论的与他本人所探求的两汉学术议题之间的不同。在徐复观看来，两汉士人言经学，并非只有详尽的谱系和琐碎的章句训诂、师法、家法等学术上的问题，他们也并非是不谙现实事务的迂腐之儒，相反，他们把经学的功用延伸向社会层面、政治层面，通经致用以言其理想抱负。经学为两汉儒生政治上的立足点，经学为促进纳谏直言之风发挥了良好

① 方东美：《新儒家哲学十八讲》，台北：黎明文化事业股份有限公司，1989 年，第 9 页。

② 牟宗三：《中国哲学十九讲》，上海：上海古籍出版社，2005 年，第 175 页。

的作用。而乾嘉学派最大的弊端就是丧失了思考能力，缺乏经世之关怀，沉浸于书斋学问，复两汉之古学而不明其真血脉、真精神的价值。两汉士人尊经，意在为大一统的帝国提供政治、社会的共同轨辙，使专制皇权在此共同轨辙上运行。汉代经学的价值，于此可显。

徐复观对两汉经学的研究，主要聚焦于西汉时期。徐复观认为，要对西汉经学史的传承及意义有切实的了解，必须摆脱三方面的成见：其一，要打破《汉书·儒林传》所讲的经纬一线单传的迷信。徐复观认为，无论是《易》，还是《春秋》三传、毛《诗》的一线单传，皆是为了争取地位而伪造出来的。以《易》的传承为例，从商瞿到田何皆是一线单传，而商瞿之名，除《孔子家语》外，略无可考。除商瞿之外，孔门的其他弟子无传《易》者乎？先秦援引《易》的典籍及马王堆出土的帛书中有关《易》的材料，并无单传的丝毫痕迹。其二，要打破《汉书·艺文志》“六艺略·总序”中所谓“而《易》为之原”的迷信。把《易》置于六艺之首，是阴阳五行学说盛行之后开始的，是班固受到刘歆的影响形成的看法。其三，要对西汉经学的“师法”有所了解。两汉今文经皆以阴阳灾异附会经学，重视“师法”“家法”。相对来说，西汉重“师法”，东汉重“家法”。先有“师法”，而后能成一家之言。“师法”者，溯其源；“家法”者，衍其流也。徐复观进一步指出，西汉儒者所说的“师法”并没有清代今文经学家所言那么夸张，也不是说以师为法，而是把老师所说的赋予法的权威性。“师法”的内容是章句，老师的口头解说容易变动、忘记，训释经义不大受经文的约束，故训乃解释文字，但在同一故训之下，对经文可以作不同的导引。博士为教授弟子，对经文加以发挥，以成章句，凭借权威地位而形成了“师法”的观念。

徐复观书中关于西汉经学史的阐述主要分为三部分：第一部分是对博士性格演变的考察；第二部分梳理了西汉经学的传承；第三部分是对西汉经学思想的总结，是他撰写这部经学史的主要用心所在。此处，笔者仅就徐复观对西汉经学传承问题及“主要用心所在”部分稍作分析介绍，举其要者而论之。徐复观把西汉易学的发展分为三个系统：第一个系统以田何为代表，为易学老传统，吉凶祸福直接取决于卦象，无外在因素的介入；第二个系统以焦延寿、京房为代表，有方技之士补充卦象，如京房“考功课吏法”等，这是刘向所说的“隐士之《易》”；第三个是用阴阳消长言吉凶灾变的系统，此系统较之第二个系统更富有条理性，可以涵摄第二个系统而与之合流。孟喜在以阴阳灾异言吉凶方面，处于关键性甚至开创者的地位，属于第二、三系统的易学家，接受第一个系统，但不以之为立足点。第一个系统的易学家也会受到第二、三系统的影响，宣帝、元帝之后，渗透愈强，这就是西汉《易》学的大势。徐复观认为，在第三系统之中，焦延寿曾向孟喜问《易》，而且将孟喜的学说向前推进了一大步。孟喜的弟子翟牧、白光之所以不承认焦延寿的《易》是孟氏之《易》，是为了维护自己在“正统”易学中的地位。论及费氏《易》，《汉书·艺文志》有“刘向以中古文《易经》校施、孟、梁丘经，或脱去‘无咎’‘悔’‘亡’，唯费氏经与古文同”的记载，《隋书·经籍志》亦言“《费氏章句》四卷，残缺”。徐复观认为，《隋书·经籍志》所载是出于后人的假托，或误录为费直的。《汉书·艺文志》中有“唯费氏经与古文同”，使人认为费氏《易》是古文本。徐复观认为，“唯费氏经与古文同”一句从侧面表明，费氏文本较三家完善，说明并非古文；若费氏《易》是古文，则“与古文同”四字便无意义。而按《汉书·艺文志》之例，应将费氏《易》录在前，不管他是否为官或有无著作。徐复观认为，后人将费氏《易》视为古文本，看作东汉易学的巨派，为误解，皆由范晔《后汉书》的记载错讹而起。范晔不了解东汉的今文学家皆排斥古文，而习古文者不排斥今文，也忽略了东汉的今古文之争，《易》不曾介入。范晔因传费氏《易》的王璜又传古文《尚书》，便推定王璜传的费氏《易》的根据是古文《易》。后人承其说法，遂在经学史上铸成错误。

论及《尚书》，徐复观对《泰誓》《书序》问题的辨析着墨甚多。司马迁、班固皆言伏生之所录今文《尚书》“独得二十九篇”，而篇名并未著录，致后世学者争论，尤其是后出的《泰誓》篇与今文《尚书》的篇章分合，更是争论激烈。今文《尚书》到底是二十八篇还是二十九篇呢？说法有三：王充及《隋书·经籍志》都认为伏生所录为二十八篇，加《泰誓》一篇，共二十九篇；朱彝尊（《经义考》）、陈寿祺（《左海经辨》）皆认为伏生所录为二十九篇，其中一篇是《书序》，将《泰誓》置于二十九篇之外；龚自珍、皮锡瑞皆认为伏生所传为二十九篇，《康王之诰》从《顾命》篇中分出。徐复观赞同龚自珍、皮锡瑞的看法，认为伏生所传二十九篇中没有《泰誓》，《顾命》分而为二。其理由有：其一，若伏生传有《泰誓》，则此《泰誓》必是周室的旧典，与先秦诸家所引用的吻合；然马融、王肃已疑其伪，则汉之《泰誓》非先秦之《泰誓》。其二，刘歆《移太常博士书》中明言《泰誓》后得，其不出于伏生至为明显。然而问题是，《尚书大传》中提到了《泰誓》，董仲舒、司马相如与《史记·周本纪》都引用了《泰誓》，这如何解释呢？这就关系到《泰誓》“后得”的时间问题。关于民间得《泰誓》的时间，有三种说法：一是《文选》李注引刘向《别录》谓在武帝末年；二是王充《论衡·正说》篇中谓在宣帝时，河内女子发老屋，得逸

《易》《礼》《尚书》各一篇奏之；三是《尚书正义》引《后汉书》谓汉献帝建安十四年（209 年）房宏说法，应在宣帝本始元年（公元前 73 年），河内女子发老屋，得《泰誓》三篇。徐复观认为三说皆有问题，他认为得《泰誓》应在武帝元朔四年（公元前 125 年）之前。吴承仕在《经典释文序录疏证》中说："《泰誓》有三：一、真《泰誓》，《左传》《国语》《孟子》《墨子》诸书所引者是也；二、汉《泰誓》，即汉人所谓后得《泰誓》也；三、伪《泰誓》，即孔传《泰誓》，见行梅本是也。"① 徐复观认同这个观点，这样就解释了为何董仲舒、司马相如与《史记·周本纪》都引用了《泰誓》。伏生所传今文《尚书》二十九篇，陈寿祺在其所著《左海经辨》中主张其中有《书》序，而俞正燮、刘师培等皆主张其中无《书》序。徐复观认为，今文《尚书》中是没有《书》序的，他认为，即使有《书》序百篇，也不在二十九篇之内。不在二十九篇之内，并不说明伏生不承认《书》序存在，而是《书》序原是另为一篇别行的。后来的今文经学博士为了维护自己的垄断地位，便悍然否定《书》序的存在，以为二十九篇是完备的。说到《书》序的作者，刘歆、班固等人认为是孔子，林朝光、马廷鸾等人谓历代史官，朱子认为绝非孔子。徐复观倾向于林朝光、马廷鸾等人的说法。

两汉争论不休的还有《诗》序的问题。关于《诗》序的作者，历史上有三说：《后汉书·儒林传》认为是卫宏；郑玄认为是子夏；《隋书·经籍志》认为是子夏所创，毛公及卫宏加以润饰。徐复观认为，《诗》序可谓皆属子夏的传承统绪，除了原始作者周室史官外，一定要

① ［唐］陆德明撰，吴承仕疏证，张力伟点校：《经典释文序录疏证》，北京：中华书局，2008 年，第 56 页。

把毛公加在里面。徐复观反对《诗》序为卫宏之作的观点，缘由有三：其一，刘歆著《七略》著录《毛诗故训传》三十卷时，毛《诗》已定型。只要把毛《诗》传与《诗》序进行比较，即可发现毛《诗》传有的地方是对《诗》序的补充。《毛诗故训传》定篇、著录时，已有《诗》序，而卫宏生于西汉末，活跃于东汉初。其二，郑玄从张恭祖受《韩》诗，注《诗》虽宗毛《诗》，然亦兼采《韩》诗之说。郑玄著《诗谱》及《六艺论》，对大小毛公、孟仲子、解延年等人的爵位、籍贯及行事多有记载。郑玄为马氏门人，若卫宏为毛《诗》作序，郑玄岂有不知之理？郑玄曾为《尚书大传》《乾凿度》等作注，又何嫌卫宏《诗》序而不承认呢？其三，在毛《诗》及《诗》序显于世前，西汉儒生皆主张孔子删《诗》之说，主张《诗》本为三百零五篇，这分明是不知"有其义而亡其辞"的《南陔》等六首亡诗。若此六篇亡诗之序不先存于卫宏之前，则卫宏何所凭借，又何需作此六篇之序？毛公又何缘而补"有其义而亡其辞"一句呢？因有此六诗之序，而始有其义。三点理由成立与否我们暂且不论，但其否定《诗》序为卫宏所作确实是正确的。近年来，学者们对阜阳汉简《诗经》的研究发现，阜阳双古堆一号汉墓的墓主系西汉第二代汝阴侯夏侯灶，"故可以推断，夏侯灶的卒年即《阜诗》的下限，为汉文帝十五年即公元一六五年，而卫宏的生卒年代晚于此时，所以毛《诗》序不可能是卫宏所作"①。

经学思想并不是一成不变的，其随着时代、随着人，被各种不同角度，不同的预设与期待诠释，所以一个时代有一个时代的经学思想。在汉初经学思想的阐述过程中，徐复观认为，陆贾对五经、六艺之功用的

---

① 姜广辉主编：《中国经学思想史》（第二卷），第137页。

认知为“以绪人伦”，现实作用的认知为“匡衰乱”，而五经、六艺之所以能“绪人伦”，是因为能继承天生之仁（承天），统括地成物之义（统地），穷治乱之本（穷本），察得丧之微（察微），原于人情的自然（原情），建立人道的根本（立本），由此而衍生出人伦之教。谈及“在汉朝之儒，唯贾生而已”的贾谊，徐复观认为，贾谊对六经的序列做了新的安排和意义的再发现，把经放在与“天”同等的地位，“尊经”意识极为强烈，针对所处时代的现实问题——大一统的维系与运行，强调儒家之礼的实践，言之切切，令人深思。淮南王刘安及其宾客所著《淮南子》一书以道家思想为主，但徐复观认为，谈及现实问题时会不自觉地偏到儒家，他们针对现实，把六艺作为“活的思想”把握。“为群儒首”的董仲舒熔铸六经，在《春秋繁露》一书中发扬公羊学大义，以天道言人道，试图以阴阳五行灾异之说，把经学和天道结合在一起，把人世间的一切，如政治、社会生活，都用经学来解释，所以导致阴阳灾异之说泛滥，无“真知识”上的价值和意义。若用今日的眼光来看，无疑会感到当时的人迷信和落后。徐复观认为我们不应以今日的科学知识做尺度来衡量西汉经学，需要从当时的政治环境、思想语境中去认识经学知识的价值。当时的人阐述经学思想并非要求得科学真理，而是将天道和经学结合谏言政治，这展现出他们宏阔的胸襟和求实的品质。

徐复观认为，司马迁著《史记》，特别申明儒家六艺之意义，将《易》与《春秋》作为判断人的行为的准绳（义法），彰显出历史人物的动机、行为、结果，对现实政治颇具劝惩、规整之效力。针对当时政治、社会的危机，司马迁特别强调《礼》《乐》的意义。可以说，震古烁今的《史记》就是在六艺启发下创作的。

在论述西汉中后期的经学思想时，徐复观将目光聚焦于经学在政治层面的功用、意义的阐释。他认为西汉中后期儒生们的奏议诏令，援引经义，对当时的政治产生过补救作用，儒生们的奏议呈现出来的是博大刚正的气象，为人民沉痛呼号，对弊政进行了强烈抨击，这是由经学教养所熏陶出来的，为以后各朝所难企及。假若没有经学思想作为指导，便没有我们今天所了解的那些掷地有声的奏议。不可否认的是，虽然这些奏议的内容多是缘灾异以立言，但灾异只是外在表现，里面的政治、社会的利弊是非才是关注的实质内容。西汉儒生们对政治、社会的利弊是非能观察得真切，能陈述得清楚，是由于他们站在平民立场，了解民生疾苦，有道义担当，这正是经学思想所造就的。

由此我们发现，徐复观对两汉经学思想的思考主要围绕以下几个问题进行：经学思想在当时学者心目中的价值、意义是什么？当时的学人如何将经学运用于实际的社会生活、政治中？当时的学者就经学思想有哪些主张，是针对什么现实问题设想的？围绕以上问题，每个学者都根据所处时代的现实情况而对经学有独特的阐释，显现出丰富深广的思想内容。

第四节　对《春秋》经传的看法

关于《春秋》经传的一些问题，历来众说纷纭。如：《春秋》与孔子的关系，是修是述？既然承认孔子修（亦可为“作”）《春秋》，则修之目的、意义为何？《春秋》是否有微言大义？义是什么？《左传》的作者是谁？是否以史传经？《公羊传》与《穀梁传》孰先孰后？……章学诚曾有“六经皆史”之论。王阳明认为，史书言事，经书载道。作为五经之一的《春秋》，到底是载道之经还是言事之史呢？

徐复观认为经与史之别，不在典籍本身，而在于诠释者所取之角度及对典籍功用、价值之理解。从历史知识的角度去看经，经就是材料。但孔门传承五经的目的，不是讲历史知识，而是讲文武之道，以期建立政治、社会、人生之稳定秩序。换言之，孔门之经是出于道德、政治秩序建设之需求，而非求取历史知识之需求。据此，徐复观认为《春秋》是经而不是史。

他以为，《春秋》一书乃“孔子本鲁《春秋》而加以修正”，言“修”似较“作”更为恰当，即持孔子修《春秋》的看法。

对于孔子修《春秋》的目的、意义，《孟子·滕文公下》曰：

> 世衰道微，邪说暴行有作。臣弑其君者有之，子弑其父者有之。孔子惧，作《春秋》。《春秋》，天子之事也。是故孔子曰，知我者其惟《春秋》乎？罪我者其惟《春秋》乎？

《孟子·离娄下》亦云：

> 王者之迹息而《诗》亡。《诗》亡然后《春秋》作。晋之乘，楚之梼杌，鲁之春秋，一也。其事则齐桓晋文，其文则史。孔子曰，其义则丘窃取之矣。

以上两段文字，历代学者阐述孔子修《春秋》之意义时经常引用，徐复观亦赞同此观点。他认为孔子修《春秋》之意义，可以说至孟子而大明。徐复观说：“孔子行褒贬于二百四十二年历史之中，代替礼废乐坏后的周天子的赏罚，想以此来建立人类行为的大标准，所以说‘《春秋》，天子之事也’。这就是担当人类历史命运的大纲维来说的。”① 孔子修《春秋》，不以史学求真为追求，而是发挥古代良史之责，以史的审判代替神的审判的庄严使命。至于“其义则丘窃取之矣”，徐复观认为，是孔子把自己的思想（义）具体化于历史判断之中。所谓“义”，指的是尧舜之道，是董仲舒所说的“仁义法”，是定是非赏罚的大标准。

徐复观承认孔子修《春秋》有“义”之存在，“义”以“书法”显，“书法”是“义”之载体。那么，孔子修《春秋》之“义”是否可由“书法”见？徐复观认为《春秋》文字出于鲁史之旧，则所谓“书法”分为三个部分：一是鲁史之旧的“书法”；二是孔子的“书法”；三是作传的人揣测而来的“书法”。三部分“书法”混杂在一切，不易辨认，所以既不应完全拘泥于“书法”，也不应完全否定“书法”。完全拘泥于“书法”，则不论对同一“书法”，各传的解释不同；且同一传之中，亦难免有前后矛盾之处。最好的办法是，暂时把“书法”的问题放在一边，仅把握各传由“书法”所言之“义”。孔子的“书法”不可知，则各传由“书法”所言之义，又如何能判定出于孔子呢？笔者以为，应从三传之间的大义贯通求大端大体，对于枝节性的东西暂持保留态度。

对孔子修《春秋》对后世史学之贡献及影响，徐复观评价颇高。他认为孔子修《春秋》，其意是以真实的记录给人类之行为，尤其是对历史人物之行为评判褒贬善恶，辨明其中的是非曲直，给人以道德鉴戒和知识教养。关于孔子对后世史学之影响，他认为应把握五点：其一，赋予史学以重大意义，引起后世对史学的重视，伴随着私学下移，孔子将

① 徐复观：《两汉思想史》（第三卷），第1页。

官学知识播散民间。其二，因对史重视，则必然对史所载之事件采取谨严、客观态度，并在历史的阐释中加入个人见解，孔子崇实崇真、阙疑重证之治学精神，为后世写史树立了标尺。其三，孔子认为历史取决于人的行为，人须重视行为上的因果联系。因重视行为之因果联系，孔子以“以事系日，以日系月，以月系时，以时系年”的纪年方式确定了历史的叙述方式，构筑了其史学的基石。其四，从《春秋》与孔子所处时间关系上看，孔子处理的是近代史、现代史，这要冒着巨大的风险，但他以真诚的良知求历史事实真相，而毫不遮蔽曲解，此一良史精神，值得后世效法。从《春秋》写作处理的空间来看，孔子赋予《春秋》的性格，是世界史的性格，这也体现出在孔子的思想里，关注民生疾苦，有以天下为公的胸怀。其五，因孔子的史学重在鉴戒教育之意义，系以整个人生、社会为对象，故他所赋予史学的内容，乃整个人生、社会，重视从历史实践中去理解人类理性所循之“义”，而并不以概念性之思辨为立足点。

《春秋》三传当中，《左传》的作者、成书年代及其与《春秋》的关系是最为复杂的问题。关于它的作者，《论语·公冶长》有“左丘明耻之，丘亦耻之”的描述，《史记·十二诸侯年表序》中亦有“鲁君子左丘明惧弟子人人异端，各安其意，失其真，故因孔子史记，具论其语，成《左氏春秋》”之语，合两段文字，左丘明到底姓左还是左丘？是年长孔子的前辈还是孔子的学生？简朝亮于其所著的《论语集注补正述疏》一书中疏“左丘明耻之，丘亦耻之”条曰：“《史记·自序》云，左丘明失明，厥有《国语》；盖左氏，氏也。其称左氏，省文也……或称丘明，亦省文也，犹称马迁者，不称司马也。”徐复观赞成此说，认为左丘明姓左丘，名明。至于左丘明的身份，班固在《汉书·艺文志》

所著录之《左氏传》三十卷下注释为“左丘明鲁太史”，徐复观认同此说法，认为左丘明不是孔子的学生。在证据不足之时，班固的推断是很合理的。徐复观认为，左丘明如果不是鲁太史，如何能够利用那么多材料，并且其中还有《春秋》所未载者，这些材料其本为鲁史所有。这一见解不同于一般。

有关《左传》是否传经的问题，今文经学与古文经学两派之间有论争。今文经学家的看法是左氏不传《春秋》，《左传》与《春秋》两书无涉。后世主今文经学立场的学者为论证此说法，极力主张刘歆改编《左传》而成书。常州今文经学派的刘逢禄著《左氏春秋考证》一书，认为《左传》不传《春秋》，为刘歆所比附。康有为发展刘逢禄的说法，认为左丘明只作《国语》一书，所谓的《左传》一书，是刘歆取《国语》伪造。对于刘逢禄、康有为等主今文经学立场的学者的这类观点，徐复观极力批驳，他说：

> 章太炎著《春秋左传读叙录》，对刘逢禄之说，逐条针锋相对的驳正，虽其中间有辨其不必辨，或举证稍有问题，但大体上，已足澄清两千年之诬谬。……至康有为的《新学伪经考》，其诞妄实不足辨。且钱穆氏的《刘向、歆父子年谱》，亦已辨之有余。①

据上引之言可见，在《左传》是否传经的问题上，徐复观站在古文经学立场，认为左氏传《春秋》。关于《左传》和《国语》两书之间的关联，徐复观认为，《国语》为左丘明晚年所作，意在补充《左传》。依徐复观的看法，《春秋》三传皆为解经之书，然《左传》与《公羊

① 徐复观：《两汉思想史》（第三卷），第172页。

传》《穀梁传》解经之侧重点不同：《公羊传》《穀梁传》是“以义传经”；《左传》在“以义传经”之外，兼有“以史传经”之特色，可谓义事相兼。徐复观认为：

> 以义传经，是代历史讲话，或者说是孔子代历史讲话。以史传经，则是让历史自己讲话，并把孔子在历史中所抽出的经验教训，还原到具体的历史中，让人知道孔子所讲的根据。①

徐复观认为，《左传》传经的方式可分为四种。第一种是以补《春秋》者传《春秋》。鲁《春秋》有，而孔子所修之《春秋》没有，左氏采鲁《春秋》以补其缺，所以对孔子不采之故加以解释。第二种是以“书法”的解释传《春秋》。这解释的“书法”，是鲁史相传之旧呢，还是仅指孔子所修的《春秋》呢？笔者以为是指孔子所因的鲁史之旧。不过这种旧的“书法”所含的意义，或为左丘明所提出。第三种，是以简洁判断传《春秋》。第四种是以“君子曰”的形式发表自己的意见。较比《公羊传》《穀梁传》两传之“以义传经”。《左传》传经的四种方式，除第一种为《公羊传》《穀梁传》无外，其余三传皆有。惟《左传》论“书法”很少用一字褒贬之说。说孔子以一字表现褒贬，这是《公羊传》《穀梁传》最大的特色。

徐复观对《左传》的传经方式很推崇，而对《公羊传》《穀梁传》两传“以义解经”的评价不高。在他看来，《公羊传》《穀梁传》都是顺着一种哲学理念推衍经义，而《左传》是把历史事实放在第一位。历史绝不是由某种理念演绎出来的，里面渗透着错综复杂的事实，只要承认曲折的事实，便不容根据某种理念评断。而以史传经，可使读者摆脱

① 徐复观：《两汉思想史》（第三卷），第177页。

经文摸索之苦，免臆造之厄。相反，《公羊传》传经的方式缺少历史的意味，而经文传承任由众口以逞臆说，扰乱学术中必不可少的求知规律，遂使纬书开其端。而清末以康有为为代表的今文经学者，都是“重义不重事”，对经书的诠释夹杂着太多经世关怀。后世学者对《穀梁传》的诠释始终停留在经义校勘的琐碎之中，未产生多大的影响力。因之，要评价《公羊传》《穀梁传》之得失，有必要结合《左传》。

徐复观之所以对《左传》之评价高过《公羊传》《穀梁传》，与他对中国经学史研究价值的理解密切相关。徐复观认为，《公羊传》《穀梁传》的内容都是以义理讲史，二传作者都是把自己思想诉诸概念性、抽象性的语言——哲学家的语言。所谓哲学家的语言，就是“凭抽象的概念，构成一种理论，直接加之于读者的身上；读者须通过思考能力，始可与哲学家的理论相应”①。《左传》的作者是把自己的思想“见之于行事”，通过对具体的前言往行的记载，使读者能思考历史事实的意义与是非得失，这是史学家的语言。换言之，所谓史学家的语言，就是通过具体的历史记载，以儒家道义为判断标准，向后人阐明其中是非曲直，以起鉴戒之效。读者不是直接阅读作者的理论；可以将自己的伦理准则作为判断标准，了解历史人物的善恶美丑。并且，历史人物的言行与现实中的人的言行两相照应，可以对读者产生启发作用。在徐复观看来，中国传统思想认为人的行为决定一切，所以重人的践行，而不向思辨方面发展。而古代经典记载的言与行，都是重行为而压低语言在人生中的意味，因此，中国传统思想不像西方哲学，不穷思辨之所至，不构建艰涩高深的理论格局，离具体人生、社会现实问题更近。而《左传》一书

① 徐复观：《两汉思想史》（第三卷），第2页。

就体现出了中国传统思想特质，即事明理，理寓于事中，通过一件件生动具体的历史事例，导向以礼义训诫为宗旨的儒家伦理道德。所以，《左传》以史学家的语言重事言义之效力，远远比《公羊传》《穀梁传》以哲学家的语言，通过思辨，以概念性体系性来把握《春秋》“大义”更大。

此外，需要提及的是，徐复观关于《公羊传》《穀梁传》的论述性文字较为简单且分散，只对两传之成书情况稍作交代。徐复观认为，《公羊传》由两部分组成：孔门齐学系统的第三代弟子所整理的原传与战国中期前后由若干人对原传所做的补充、解释。而《穀梁传》成书，应在战国中期前后，晚于《公羊传》。一般认为，二传同属今文经学系统，书中内容相同者十之二三，同源异流。那么，二传在阐释“微言大义”时，到底有何思想上的关联？徐复观认为，《穀梁传》在阐释“微言大义”时借鉴过《公羊传》，未采用《左传》《国语》之言。同时他认为《穀梁传》对君臣之分、男女之防等问题的关注较《公羊传》更多。董仲舒所建立的“天的哲学系统”，实际受到《穀梁传》影响，因为《公羊传》未言及阴阳，而《穀梁传》中有四处提到阴阳。

第五节　结　语

通过以上对徐复观经学史研究的梳理、阐述，大致可得出以下几点结论：

第一，在经学起源问题上，徐复观主张六经源于周公及周室之史的观点。在《春秋》三传问题的研究上，徐复观主张孔子修《春秋》及《左传》传经的观点。由此来看，徐复观在经学史研究的立场上显现出古文经学的倾向。而在《周官》一书的考证上，他则站在刘歆造伪说的今文经学立场。为何其经学研究所持的立场有矛盾呢？颇耐人寻味。

第二，近世以降，伴着激烈的反传统浪潮，经学被冠以“落后”“保守”“封建顽固”等评价。科举制的解体使经学丧失依存的制度平台，在西学输入、国势衰微的大背景下，经学思想资源在致用层面上效力顿失。在这个讲求“通经致用”、有着悠久经世传统的国度里，有着“术”既无用则“学”亦徒劳的思想倾向。在救亡的现实面前，当学者们切入以“文化思想的途径”解决现实问题的模式时，对典籍思想资源功用价值、影响大小的认知，决定了学者们研究典籍的价值立场、态度及投入的热情、关注。经世功用丧失，难免导致经学思想走向衰落、倾覆之危境，被人冷落，直至被请进“博物馆”。在激烈反传统的时代思想氛围中，近代以来的许多经学史著作，或基于维护学派传承，护经、卫道心切，而以自己的派系谱书写经学史，如皮锡瑞的《经学历史》；或将经学视为毫无伦理道德思想价值的“干尸”材料，以评判的态度、平等的眼光严格区分其中的精华和糟粕，如顾颉刚、钱玄同、周予同等新派学人的经学史研究。与之不同的是，在新儒家学者徐复观眼中，经学的文字是客观的存在，但其中所蕴含的意义则须由“人”来发现。换言之，徐复观对经学史书写注重“人”的意义的发现，“人”不仅是留存于史料中的过去的人的精神生命的遗迹，更渗透着当下的“人”——诠释者主观因素。诠释者在与材料“对话”的过程中，发现经学的意义，了解经学的价值。徐复观的思考理路是突出诠释者思想的主导地位，先承认经学为鲜活的生命存在——既已肯定其为鲜活的生命，则承载经学思想的儒家典籍必然会渗出该思想的功用价值。研究者的态度决定了对经学典籍内涵不同的发掘，也就对经学思想有着不同的评估和认知。从此层面上来理解徐复观经学史研究的意义，再结合他对西汉经学思想的分析与论断，可以说，对经学价值的诠释，显现出徐复观的经学史研究迥异于卫道保守的学者，与趋新学者亦有区别。亦可见，徐复观在经学史研究过程中观察及理解材料而形成的独特的问题意识，诠释经学思想的方式、路径等，为后来的经学史研究者提供了可资借鉴的经验。

第三，徐复观的经学史研究结论不乏闪光之处。如对《十翼》的看法、否定卫宏作《诗》序的看法，证之以出土文献，皆可见其推断的正确。然其论断上的偏颇之处不少，如在六经次序及六经并称的问题上，其所坚持的看法遭到出土文献的反驳；对《尚书》的一些论断，亦有尚待商榷之处；尤其是在历来屡受学者批评的《周官》的考证问题上，主观推论过甚的缺陷显而易见。

总之，徐复观精于先秦两汉思想文化，而经学为两汉学术之大宗，故也是他一直重点关注和思考的对象。他曾有写一部汉代经学史的宏愿，可惜天不假年，在写完三卷本的《两汉思想史》之后，只完成了《先汉经学之形成》和《西汉经学史》两篇文章，汇编为《中国经学史的基础》一书印行。这本书为后学提供了一个新的“出发点”。“出发”之前，很有必要回顾一下徐复观经学史研究论著所能提供的有益启示和借鉴，这对我们不无裨益。其研究之价值亦可谓在此，即为“出发者”在“出发”前，阐释出徐复观经学史研究中可供学习的经验与教训，以为助力。

参考文献

一、著作

[1]曹永洋等编．徐复观教授纪念文集．台北:时报文化出版事业有限公司,1984.

[2]陈寅恪．金明馆丛稿二编．北京:生活·读书·新知三联书店,2001.

[3](德)恩斯特·卡西尔著．人论．甘阳,译．上海:上海译文出版社,1985.

[4]东海大学编印．东海大学徐复观学术思想国际研讨会论文集,1992.

[5]杜维运,黄俊杰编．史学方法论文选集．台北:华世出版社,1980.

[6](法)雷蒙·阿隆著,(法)西尔维·梅祖尔编著．法兰西学院课程:论治史．冯学俊,吴泓缈,译．北京:生活·读书·新知三联书店,2003.

[7]方东美．新儒家哲学十八讲．台北:黎明文化事业股份有限公司,1989.

[8]方克立,李锦全主编．现代新儒学研究论集:一．北京:中国社会科学出版社,1989.

[9]封祖盛编．当代新儒家．北京:生活·读书·新知三联书店,1989.

[10]高瑞泉主编．中国近代社会思潮．上海:上海人民出版社,2007.

[11]顾颉刚．顾颉刚读书笔记:卷四．北京:中华书局,2011.

[12]顾颉刚编著．古史辨:第一册,海口:海南出版社,2003.

[13]郭齐勇编．存斋论学集:熊十力生平与学术．北京:生活·读书·新知三联书店,2008.

[14]贺麟．文化与人生．上海:上海文艺出版社,2011.

[15]黄俊杰．东亚儒学视域中的徐复观及其思想．上海:华东师范大学出版社,2012.

[16]蒋连华．学术与政治:徐复观思想研究．上海:上海三联书店,2006.

[17]姜广辉主编．中国经学思想史．北京:中国社会科学出版社,2003.

[18]近代史研究所编．范文澜历史论文选集．北京:中国社会科学出版社,1979.

[19]景海峰．新儒学与二十世纪中国思想．郑州:中州古籍出版社,2005.

[20]李维武编．徐复观与中国文化．武汉:湖北人民出版社,1997.

[21]李维武编．徐复观文集．武汉:湖北人民出版社,2009.

[22]李泽厚．中国思想史论三部曲．天津:天津社会科学院出版社,2007.

[23]廖名春．中国学术史新证．成都:四川大学出版社,2005.

[24]刘海滨编．熊十力论学书札．上海:上海书店出版社,2009.

[25]刘桂荣．徐复观美学思想研究．北京:人民出版社,2007.

[26]刘师培著,陈居渊注．经学教科书．上海:上海古籍出版社,2006.

[27]刘毅青．徐复观解释学思想研究．北京:人民出版社,2014.

[28]柳诒徵．国史要义．上海:上海古籍出版社,2007.

[29]罗义俊编著．评新儒家．上海:上海人民出版社,1989.

[30]罗志田．裂变中的传承:20 世纪前期的中国文化与学术．北京:中华书局, 2003.

[31]罗志田．近代读书人的思想世界与治学取向．北京:北京大学出版社,2009.

[32]牟宗三．时代与感受．台北:三民书局,1989.

[33]牟宗三．中国哲学十九讲．上海:上海古籍出版社,2005.

[34]欧阳智生编．傅斯年文集．北京:中华书局,2017.

[35]齐思和. 齐思和史学概论讲义. 天津:天津古籍出版社,2007.

[36]钱穆. 国史大纲. 北京:商务印书馆,2015.

[37]钱穆. 素书楼余沈. 北京:九州出版社,2011.

[38]钱穆. 中国史学名著. 北京:生活·读书·新知三联书店,2000.

[39][清]皮锡瑞著,周予同注释. 经学历史. 北京:中华书局,1959.

[40]桑兵. 晚清民国的国学研究. 上海:上海古籍出版社,2001.

[41][唐]陆德明撰,吴承仕疏证,张力伟点校. 经典释文序录疏证. 北京:中华书局,2008.

[42]唐君毅全集编委会编著. 唐君毅全集. 台北:台湾学生书局,1991.

[43]熊十力. 读经示要. 上海:上海书店出版社,2009.

[44]熊十力. 十力语要初续. 上海:上海书店出版社,2007.

[45]徐复观. 中国人性论史. 上海:华东师范大学出版社,2005.

[46]徐复观. 两汉思想史. 上海:华东师范大学出版社,2001.

[47]徐复观. 中国文学精神. 上海:上海书店出版社,2006.

[48]徐复观. 学术与政治之间. 上海:华东师范大学出版社,2009.

[49]徐复观. 中国艺术精神. 沈阳:春风文艺出版社,1987.

[50]徐复观. 徐复观论经学史二种. 上海:上海书店出版社,2002.

[51]徐复观．中国思想史论集．上海:上海书店出版社,2004.

[52]徐复观．中国思想史论集续编．上海:上海书店出版社,2004.

[53]徐复观．无惭尺步裹头归:交往集．北京:九州出版社,2014.

[54]徐复观．徐复观最后杂文集．台北:时报文化出版事业有限公司,1984.

[55]徐复观．徐复观杂文:忆往事．台北:时报文化出版事业有限公司,1980.

[56]徐复观．徐复观杂文:看世局．台北:时报文化出版事业有限公司,1980.

[57]徐复观．徐复观杂文:记所思．台北:时报文化出版事业有限公司,1980.

[58]徐复观．徐复观杂文续集．台北:时报文化出版事业有限公司,1981.

[59]徐复观．论战与译述．台北:志文出版社,1982.

[60]徐复观．徐复观文存．台北:台湾学生书局,1991.

[61]徐复观著,胡晓明,王守雪编．中国人的生命精神:徐复观自述．上海:华东师范大学出版社,2004.

[62]徐复观著,陈克艰编．中国知识分子精神．上海:华东师范大学出版社,2004.

[63]徐复观著,陈克艰编．中国学术精神．上海:华东师范大学出版社,2004.

[64]徐复观著,曹永洋编．徐复观家书集精选．台北:台湾学生书局,1993.

[65]严耕望．治史三书．沈阳:辽宁教育出版社,1998.

[66]杨国荣主编．思想与文化:第六辑．上海:华东师范大学出版社,2007.

[67](意)贝奈戴托·克罗齐著,(英)道格拉斯·安利斯英译．历史学的理论和实际．傅任敢,译．北京:商务印书馆,2010.

[68]余英时．钱穆与中国文化．上海:上海远东出版社,1994.

[69]余英时．余英时文集:第一卷:史学、史家与时代．桂林:广西师范大学出版社,2004.

[70]章太炎撰,陈平原导读．国故论衡．上海:上海古籍出版社,2003.

[71]张灏．张灏自选集．上海:上海教育出版社,2002.

[72]张晚林．徐复观艺术诠释体系研究．上海:上海古籍出版社,2007.

[73]郑家栋．断裂的传统．北京:中国社会科学出版社,2001.

[74]周予同著,朱维铮编校．经学和经学史．上海:上海人民出版社,2012.

[75]朱维铮．中国经学史十讲．上海:复旦大学出版社,2008.

[76]朱传誉编．徐复观传记资料:一．台北:天一出版社,1985.

二、论文

[1]陈少明．为什么是思想史？——徐复观的思想性格与学问取径．华南师范大学学报(社会科学版)，2013(5)：54－64.

[2]法帅．试述徐复观先生的历史观思想．曲阜师范大学硕士学位论文，2006.

[3]梁启超．近代学风之地理分布．清华学报．1924(1)：2－37.

[4]刘国民．论徐复观对《史记》的“突出”解释．湖北大学学报(哲学社会科学版)，2010(6)：58－64.

[5]任剑涛．文化卫道与政治抉择——以徐复观、钱穆为例的讨论．文史哲，2007(2)：95－102.

[6]桑兵．中国学术思想史上的道统与派分．中国社会科学，2006(3)：171－186.

[7]盛珂．《中庸》对于儒学阐释的意义——由《中庸》地位问题的争论看当代新儒家的儒学阐释．文史哲，2009(5)：27－33.

[8]孙阳阳．传统文化的“现代疏释”——徐复观政治思想研究．山东大学硕士学位论文，2013.

[9]施宣宜．孔子有没有删过《诗》．文汇报，2000－08－26.

[10]王葆玹．儒家学院派《易》学的起源和演变——兼论中国文化传统的问题．哲学研究，1996(3)：56－64.

[11]徐复观．熊十力大师未完成的最后著作——《先世述要》．明报月刊，1980－08－15.

[12]张宏．徐复观古典美学研究述评．山东大学硕士学位论文，2007.

[13]张丕介．新亚书院诞生前后//新亚教育，香港:新亚书院研究所,1981.

后记

对于徐复观的关注和研究，源于偶然。多年前，在鲁随杨老师就读，每周定时去她办公室聆听学问方面的训诲。彼时的我，关注的焦点一直在儒学文献的阅读，对上古史重建问题颇有兴趣，尤其在出土新材料方面，投入了相当多的心力，并打算以儒学文献的讨论为选题完成硕士毕业论文。谁知杨老师在与我商定毕业论文选题时，直接让我关注徐复观。就这样，我第一次知道了徐复观这位新儒家巨子的名字。我找其著作阅读，随着阅读范围的扩展，梁漱溟、熊十力、牟宗三、唐君毅、冯友兰、钱穆、方东美、马一浮等人的论著渐为我所熟知，我从此与20世纪新儒学思潮的研究结下不解之缘。

暂时置自己有兴趣的研究主题于一旁，转向颇具哲学色彩的新儒学领域，无疑需要耗费相当多的时间和精力。徐复观论学，反对形而上学的思辨建构，推崇儒家道德的践行，其思想史论传统的路径，颇契合我的思考“胃口”。但在阅读其20余册皇皇巨著之后，选择哪个角度切入研究，我经历了一阵“思考的折磨”。起初，我打算将其置于20世纪的文化保守主义思潮中，探讨其学术研究的特色，论其对20世纪新儒学史的贡献。随着思考的深入，我觉得这一思路虽然宏阔，却不易着手。徐复观为学，不仅仅对两汉思想史、人性论史方面有贡献，在古代文学理论、古代艺术品鉴、杂文时论等方面也有涉猎，论学范围甚广，专精与博通合一，很难通过一本专著面面俱到地探讨。阅读了大量史学理论方面的书籍后，我觉得，只就他史学方面的贡献做梳理和评价，也许更显得题旨凝练明了。

然而，再次阅读诸多当下研究近现代学术思想史方面的文章后，我又一次陷入了彷徨。这一次抉择，关乎操作的技法。中国近现代学术思想史的研究，随着改革开放以来中西史学交流的逐渐深入，在研究论题、材料扩充、技法等方面都取得了长足进步。无论是学人之间的交往师承、学人学术观念与时代思潮的互动，还是学人自身学术观念的变化、学派与思潮的研究等，都表明学人自身的历史成了近现代学术思想史研究的重要一环。在对学人自身历史的研究中，近代学者群体留下的大量的书信、日记、年谱、回忆录等材料，成为构筑历史语境，“返回”学人生活时代的鲜活素材。在处理徐复观个案研究时，我本想用日记、书札等材料来考察港台学术语境下徐复观的学思历程，然而由于材料限制，觉得还是难以下手。无奈之下，只能回归传统路数，就徐复观的史观、史法、史论、史评等方面“述而不作”，是得是失，全凭读者裁断。

近些年，中国近现代学术思想史研究蔚为热潮，我查阅了大量此领域的研究成果，产生了一个困惑：什么样的人物研究才算有价值？观此领域的大量论著，许多学者抓住人物个案来研究，变当时的边缘学术为今日研究的中心主题也成了一部分人的想法。现代学术典范的生成和确立，虽有外在学术话语权的影响，但更多的应该是新旧文化转轨过程中建立起的新学术评价准则所致。但为何有的学者当时和此后能成为主流，而其他学者湮没不彰？我认为更多地应从中西、新旧学术激烈冲突的时代语境中去分析。有的学者有西学眼光，未必皆“新”；有的学者持旧学眼光，而未必皆“旧”。学术史总结的东西，外源无非就是学术交往、影响、渊源与学风互动激荡、排斥等，其中关节要害在于要以点带面，从文本的细读中发现某个学者或者某个学派、某些学术潮流在“过渡时代”所示的治学理念、治学思路、学术成果有原创性，对后来者的治学方法、学术典范颇有启示意义，产生较大的影响力。这就是其学术史的价值所在。二三流的史学家未必不能研究，关键是研究成果的闪光点何在？如果庸庸碌碌，毫无“新”东西，或者无创新的方法、思路以示后来者，那么，这种研究就缺乏真正的学术价值。

需要强调的是，这些文字是由笔者过往发表的论文汇集而成。期间由于搬家三次，文字草稿与电脑中的大量资料遗失，有的地方笔者不得不凭着记忆加以弥合，可惜时间仓促，课题需要结项，过于匆匆。另外需要指出的是，笔者的思考有着太多史学理论的痕迹，因而显得语言晦涩难懂，这是理论性著作写作难以避免的缺陷。书中的部分章节曾在《齐鲁学刊》《台湾研究集刊》《江海学刊》《宜宾学院学报》等刊物发表过，人大报刊复印资料《历史学》亦曾转载过部分内容。在此，对给予我文章发表平台的编辑老师们表示由衷的谢意。本书的出版，宣告我对20世纪新儒学史的研究告一段落。书中可能存在不足甚至谬误之处，望同道方家不吝赐教。

邵　华

2021年春书于汉水之滨广海斋